UNIVERSITÉ DE PARIS. — FACULTÉ DE DROIT

SANCTIONS DE LA LOI

SUR LA

RÉFORME DE L'INSTRUCTION CRIMINELLE

(8 DÉCEMBRE 1897)

THÈSE POUR LE DOCTORAT

Présentée et soutenue le jeudi 8 novembre 1900, à 8 heures

PAR

PIERRE DESSAIGNE

AVOCAT A LA COUR D'APPEL

Président : M. GARÇON.

Suffragants : MM. LÉVEILLÉ, ESMEIN, *professeurs*.

PARIS

LIBRAIRIE NOUVELLE DE DROIT ET DE JURISPRUDENCE

ARTHUR ROUSSEAU

ÉDITEUR

14, RUE SOUFFLOT ET RUE TOULLIER, 13

1900

THÈSE

POUR LE DOCTORAT

La Faculté n'entend donner aucune approbation ni improbation aux opinions émises dans les thèses ; ces opinions doivent être considérées comme propres à leurs auteurs.

UNIVERSITÉ DE PARIS. — FACULTÉ DE DROIT

SANCTIONS DE LA LOI

SUR LA

RÉFORME DE L'INSTRUCTION CRIMINELLE

(8 DÉCEMBRE 1897)

THÈSE POUR LE DOCTORAT

L'ACTE PUBLIC SUR LES MATIÈRES CI-APRÈS
Sera soutenu le jeudi 8 novembre 1900, à 8 heures

PAR

PIERRE DESSAIGNE

AVOCAT A LA COUR D'APPEL

Président : M. GARÇON.
Suffragants : MM. LÉVEILLÉ, ESMEIN, *professeurs.*

PARIS

LIBRAIRIE NOUVELLE DE DROIT ET DE JURISPRUDENCE

ARTHUR ROUSSEAU

ÉDITEUR

14, RUE SOUFFLOT ET RUE TOULLIER, 13

1900

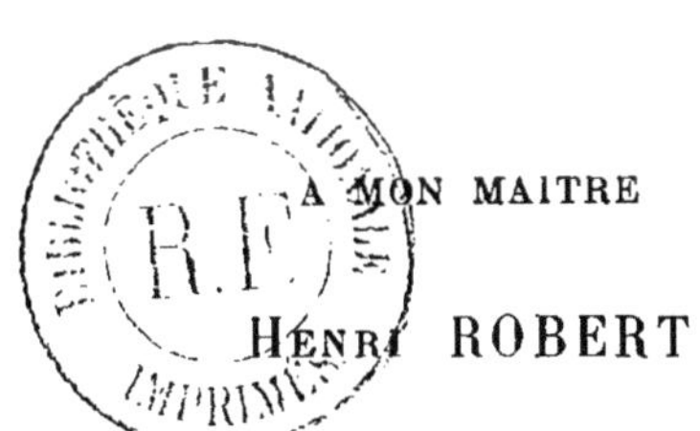

A MON MAITRE

HENRI ROBERT

BIBLIOGRAPHIE

OUVRAGES GÉNÉRAUX

Brouardel. — Des causes d'erreur dans les expertises relatives aux attentats à la pudeur. Paris, 1883.

Cresson. — Abrégé des usages et règles de la profession d'avocat. Paris, 1896.

Estoublon et Lefébure. — Code de l'Algérie annoté.

Faustin-Hélie. — Instruction criminelle.

Garraud. — Précis de Droit criminel, 5e édition.

Laborde. — Droit criminel, 2e édition. Paris, 1898.

Leloir. — Code d'instruction criminelle. Paris, 1898.

Le Poittevin (G.). — Traité théorique et pratique de la Cour d'assises.

Sumien. — Régime législatif de l'Algérie.

OUVRAGES SPÉCIAUX

André. — Régime modifié de l'Instruction judiciaire.

Dagallier et Bazenet. — La Réforme de l'Instruction criminelle.

Guillot. — Les principes du nouveau Code d'Instruction criminelle, 1884.

Lefebvre (Paul). — Des actes de l'Instruction préparatoire (Thèse de Doctorat). Paris, 1899.

Léveillé. — De la Réforme du Code d'Instruction criminelle. Paris, 1882.

Milhaud et Monteux. — L'Instruction criminelle. Paris, 1898.

Olier. — La Réforme de l'Instruction préparatoire. Paris, 1898.

Vallet. — Commentaire pratique de la loi du 8 décembre 1897.

PÉRIODIQUES

Revue pénitentiaire, 1897. — Article de M. Paul Jolly : Le cabinet du juge d'instruction après le vote de la loi de réforme.

Revue pénitentiaire, 1898 et 1899. — Rapport de M. A. Le Poittevin à la Société des prisons.

Lois nouvelles, 1898, 1re partie. — Article de MM. Brégeault et Albanel : La Réforme de l'Instruction préalable.

Lois nouvelles, 1899, 4e partie. — Article de M. Gustave Le Poittevin : L'Instruction criminelle.

France judiciaire, 1898, 1re partie. — Article de M. Leloir : L'Instruction préalable.

France judiciaire, 1900, 9 juin et 23 juin. — Article de M. G. Le Poittevin.

Journal des parquets, 1898, 1re partie. — Article de M. Olier : Examen critique de l'interprétation jurisprudentielle de la loi du 8 décembre 1897.

La Loi, 12 juillet 1897. — Circulaire de M. Atthalin.

Gazette du Palais, 1898, 1899, 1900. — Arrêts divers.

Gazette du Palais, numéros des 30-31 décembre 1896, 1-2-3 janvier 1897. — Rapport de M. Falcimaigne.

L'Eclair. — Numéro du 11 avril 1900 : L'actualité.

Le Journal. — Numéro du 20 juin 1900 : Chronique des tribunaux.

Dalloz (jurisprudence générale), 1898, 1899. — Arrêts divers.

Pandectes françaises, 1898. — Note de M. Denisse, 1re partie, p. 401.

Pandectes françaises, 1898-1899. — Arrêts divers.

DISCOURS-CONFÉRENCES

Dulac. — Discours d'ouverture de la Conférence des avocats de Lyon en 1885 : De la réforme de l'Instruction criminelle.

Guyon. — Discours de rentrée de la Cour de Pau en 1897.

Page. — Discours de rentrée de la Cour de Chambéry en 1897.

Ribet. — Discours de rentrée de la Cour de Bordeaux en 1897.

Salvan. — Discours de rentrée de la Cour d'Agen en 1897.

INTRODUCTION

1. — Lorsque la loi sur la Réforme de l'Instruction criminelle vint, le 12 novembre 1897, en discussion à la Chambre, tout le monde fut d'accord pour reconnaître que le texte adopté par le Sénat était fort imparfait et risquait de donner lieu plus tard à de sérieuses difficultés d'interprétation. Mais, vouloir le modifier eût eu pour conséquence d'en retarder l'application et la Chambre ne voulut pas « en tentant de mieux faire, compromettre le profit de ce qui était fait déjà » (1).

Elle eut raison, car la loi était urgente ; englobée dans un projet de réforme générale de l'instruction criminelle, remise maintes fois à l'étude et sans cesse victime des changements de législature, elle devenait de plus en plus nécessaire en présence de l'opinion publique, chaque jour plus défavorable aux formes surannées du Code de 1808. Malheureusement, les lois les plus parfaites ne sont pas toujours celles qui ont coûté le plus de temps et de travail ; celle du 8 décembre 1897 qui n'est, en somme, qu'une loi d'attente, qu'un commencement de réformes futures beaucoup plus considérables, n'a pu voir le jour qu'au bout de près de trente ans d'études.

(1) Disc. de M. Pourquery de Boisserin, 12 novembre 1897, *Déb.parlem.*, p. 2399, col. 2.

2. — Une première Commission extra-parlementaire, nommée par l'Empereur en 1869, commença à étudier une réforme de la procédure pénale ; mais, par suite des événements de 1870-1871, elle ne put aboutir.

Ce ne fut, ensuite, qu'en 1879 que M. Le Royer, Garde des Sceaux, présenta, au nom du Gouvernement, un projet de réforme du livre I du Code d'instruction criminelle. On y admettait le principe de la contradiction, la libre communication de l'inculpé avec son conseil dès le début de l'enquête, le rétablissement de la Chambre du Conseil. Ces dispositions parurent trop hardies au Sénat qui nomma une Commission chargée d'étudier le projet ; elle le dénatura complètement en supprimant le principe de la contradiction ; le Sénat la suivit et vota sans retouches le texte qu'elle lui présentait, le 5 août 1882. Mais la Chambre, plus libérale, rétablit en première délibération, sur le rapport de M. Goblet, les innovations qu'avait repoussées le Sénat. M. Goblet étant devenu ministre, M. Bovier-Lapierre fut chargé par la Commission de rédiger un rapport supplémentaire pour la deuxième délibération ; mais avant qu'il pût être discuté, la législature prit fin. Trois projets, en définitive, restaient sans aboutir : 1° celui de M. Le Royer ; 2° celui du Sénat ; 3° celui de la Commission de la Chambre.

En 1886, la Chambre, saisie à nouveau, nomma une nouvelle Commission et M. Bovier-Lapierre rédigea un nouveau rapport du 20 janvier 1887. Mais il fut frappé de caducité par un nouveau changement de législature.

Au début de la législature de 1889, le projet fut présenté pour la troisième fois. Un troisième rapport de M. Bovier-Lapierre eut le sort des deux autres.

Enfin, le 4 février 1894, le projet était présenté pour la quatrième fois et la Commission de la Chambre confiait au dévoué M. Bovier-Lapierre le soin de rédiger un quatrième rapport.

Mais, à ce moment, M. le sénateur Constans, instruit par la stérilité des efforts antérieurs et voyant quelle difficulté il y aurait à discuter les 236 articles du projet, en détacha une proposition de loi en six articles ayant pour but la réforme, non de toute la procédure criminelle mais seulement de l'instruction préalable. Les trois innovations de son projet étaient les suivantes : 1° tout individu arrêté doit être interrogé dans les 24 heures ; 2° l'avocat est admis dans le cabinet du juge d'instruction ; 3° l'inculpé peut communiquer librement avec son défenseur dès le début de la procédure.

La Commission du Sénat bouleversa la proposition Constans et, respectueuse de la volonté de l'Assemblée de 1882, elle rejeta la présence du défenseur à l'instruction. Le Sénat semblait donc devoir persister dans ses sentiments et, d'autre part, la Chambre n'avait pas modifié les siens, le rapport Bovier-Lapierre concluant au principe de l'instruction contradictoire.

Le 12 décembre 1895, lorsque le rapport de la Commission sénatoriale vint en discussion, M. Constans fit remarquer qu'elle n'avait pas statué sur le poiut capital de sa proposition : présence du conseil aux interrogatoires. M. Thézard, rapporteur, répondit que, prévoyant sur cette question un conflit avec la Chambre, il croyait plus sage, afin de ne pas retarder la réforme, de réserver cette question spéciale et de voter tout de suite sur les points au sujet desquels les deux Assemblées étaient d'accord. Mais M. Constans insista pour faire renvoyer le projet à la Commission et le Sénat lui donna gain de cause.

Pendant que la Commission travaillait à l'élaboration du projet d'instruction contradictoire, M. Ricard, Garde des Sceaux déposait, le 26 janvier 1896,un nouveau projet en 36 articles, rendant l'instruction non seulement *ouverte* à l'avocat, mais aussi *contradictoire* : le ministère public et la partie civile étaient admis au même titre que le conseil.

Ce projet ayant été repoussé par la Commission, M.Jean Dupuy, le rapporteur, déposa, le 24 mars 1896, le projet Thézard en 50 articles modifié dans le sens de la proposition Constans.

Quelques mois après, M. le Garde des Sceaux Darlan eut l'idée, un peu tardive peut-être, de demander à la Cour de cassation son avis sur la réforme. Celle-ci nomma une Commission de sept membres avec M. Petit comme président et M. Falcimaigne comme rapporteur. La longue consultation par laquelle la Commission répondit était loin d'être favorable au projet Constans (1). Elle accep-

(1) Rapport *in extenso*, *Gaz. Trib.*, 30-31 décembre 1896.

tait certaines innovations telles que l'avertissement donné à l'inculpé qu'il est libre de ne pas répondre ; elle proposait l'assistance d'un défenseur dès le début de l'instruction, le droit pour le conseil de prendre connaissance du dossier ; mais, sur les points capitaux, elle se montrait ouvertement hostile : « En résumé, conclut le rapport, nous repoussons comme absolument incompatible avec les nécessités de l'information judiciaire, la présence de l'avocat à tous les actes de procédure... nous rejetons aussi l'obligation de communiquer le dossier au défenseur la veille de chaque interrogatoire. »

Mais il était trop tard : un grand courant commençait à s'établir dans l'opinion, quelques affaires malheureuses donnèrent naissance à des campagnes de presse et *l'affaire Pélissier* qui, suivant l'éloquente improvisation du défenseur Me Henri Robert « allait sonner le glas funèbre de l'instruction secrète » fut, en effet, la goutte qui fit déborder le vase. Au lendemain de ce procès dans lequel M. l'avocat général Blondel s'était vu contraint d'abandonner l'accusation contre un malheureux retenu plus de six mois en détention préventive, M. Viviani, député, prononça à la Chambre, contre les juges d'instruction, un discours plein d'éloquence mais d'une dureté certainement excessive, qui aboutit à un ordre du jour demandant que le projet fût voté le plus tôt possible (5 avril 1897).

Le 10 juin, le Sénat votait le projet Constans réduit à 14 articles.

Le 12 novembre, sans s'arrêter à quelques critiques, la Chambre, sur les conseils de M. Léveillé et de M. Pourquery de Boisserin, consacrait le principe de l'instruction ouverte.

La loi ne fut promulguée que le 8 décembre 1897 et parut au *Journal Officiel* le 10 : il avait fallu, en effet, à la Chancellerie, un délai d'environ un mois pour rédiger une circulaire en réglant les détails d'application.

3. — *Vue d'ensemble. Les réformes sont-elles suffisantes* ? — La loi de 1897 constitue une des plus belles concessions qui aient jamais été faites à la liberté individuelle dans les conflits entre les particuliers et la masse sociale. Le juge d'instruction du Code de 1808 ressemblait trop, en la forme, au *lieutenant criminel* de l'Ordonnance de 1670 (1) et cette procédure secrète et non contradictoire, compréhensible et seule admissible sous la monarchie absolue (2), n'était plus en rapport avec nos institutions actuelles, avec notre liberté de la tribune et de la presse.

Désormais, l'individu, protégé jusque dans les détails de l'investigation judiciaire a, plus qu'auparavant, garantie d'une justice équitable et impartiale. Mais, en mettant l'inculpé à même de connaître les moindres incidents de la procédure ; en lui permettant de ne plus rester isolé et de communiquer toujours avec son avocat, même lorsque le secret est prononcé, enfin, en l'assu-

(1) Voy. Léveillé, *De la Réf. du Code d'instruct. crim.*, 1882, p. 18.
(2) Voy. M. Garçon, *Revue pénitentiaire*, 1899, p. 21.

rant de la présence de son défenseur lorsqu'il est interrogé, la loi a-t-elle assez fait? L'avocat est, comme nous le verrons, un contrôleur, un surveillant de l'instruction : sa surveillance s'applique-t-elle à un nombre d'actes suffisant ? Nous ne le pensons pas.

4. — *Dépositions des témoins.* — C'est ainsi qu'une réforme qui nous paraît de la plus grande urgence est l'admission de l'avocat aux dépositions des témoins ; en effet, c'est bien là qu'il est plus que jamais nécessaire de contrôler l'instruction ; non que les juges d'instruction soient capables de surprendre la sincérité des témoins par des questions capticuses ou des menaces (hypothèse qui serait à peine admissible en théorie et fort heureusement ne se présente pas dans la pratique), mais parce qu'étant donné la fragilité de la preuve testimoniale, il serait bon qu'elle fût entourée de toutes les garanties possibles. Car la preuve testimoniale ne réside pas seulement dans la parole, mais dans l'attitude, les gestes, les physionomies, les hésitations, toutes choses qui peuvent échapper à l'attention du magistrat et qu'il peut souvent être utile de consigner au procès-verbal : il est donc bon que l'avocat soit là pour surveiller, non pas le juge d'instruction mais le témoin et faire remarquer et consigner certains détails, dont seul il peut comprendre toute l'utilité et dont le magistrat n'aurait pas tenu compte, les jugeant indifférents. L'utilité de sa présence serait plus grande encore, en particulier, dans les affaires où des enfants sont appelés à déposer comme témoins ; rien n'est plus fragile que

ce genre de déclarations ; il est toujours difficile d'obtenir des enfants des réponses spontanées et nettes ; ils ne procèdent que par *oui* ou par *non*, au hasard souvent, et suivant la façon dont on leur pose la question on peut leur faire dire tout ce que l'on veut (1).

De plus, il arrive souvent que les juges ne sont pas suffisamment rigoureux sur la façon de rédiger le procès-verbal de la déposition. Il suffit pour s'en convaincre, d'ouvrir quelques dossiers : on y rencontre souvent de véritables morceaux de littérature qui ont la prétention de reproduire les dépositions de témoins illettrés et qui n'ont parfois signé que d'une croix, ne sachant écrire. Il est bien certain, d'ailleurs, qu'il n'y a pas lieu de transcrire littéralement, *phonographiquement*, le langage souvent peu juridique de ces auxiliaires momentanés de la justice ; mais il peut arriver qu'en rectifiant la forme, le juge modifie, sans le vouloir, le fond : la présence du défenseur sera donc utile pour mettre le magistrat en garde contre ses erreurs possibles.

Certains juges emploient d'ailleurs, pour entendre les témoins, des méthodes qui nous paraissent vicieuses :

Les uns, sans s'arrêter aux versions successives d'un témoin qui, pressé de questions, a varié dans le cours de sa déposition, se contentent de ne pas tenir compte des déclarations sur lesquelles il est revenu et rédigent le pro-

(1) Voir à ce sujet l'intéressant mémoire du Dr Brouardel : *Des causes d'erreur dans les expertises relatives aux attentats à la pudeur*, Paris, 1883.

cès-verbal de telle sorte qu'à la lecture, le témoin paraît avoir déposé de suite, spontanément, sûr de lui, alors qu'en réalité sa déclaration n'a été qu'une suite d'hésitations et de réticences. Entre toutes les versions, c'est d'ailleurs toujours la plus favorable à l'accusation qui vient la dernière et c'est, par conséquent, celle-là seulement qui est au procès-verbal.

D'autres juges d'instruction ne font même pas déposer le témoin : ils lui lisent la déclaration qu'il a faite à l'enquête du commissaire de police et ajoutent : « Vous persistez dans votre déposition » ? Sur la réponse affirmative du témoin, au lieu de relater l'incident comme il s'est passé en réalité, ils rédigent le procès-verbal comme si, véritablement, la déposition avait été faite : « Le témoin déclare... » et ils font une paraphrase de ce qui a été dit chez le commissaire de police et qui n'en diffère que par la qualité du style qui est généralement supérieure.

Et les magistrats qui agissent ainsi sont si réellement de bonne foi qu'il nous a été donné de constater ces abus par nous-mêmes, dans des circonstances où, par pur scrupule et peut-être pour devancer la loi future, ils nous ont volontairement donné dans leur cabinet un accès auquel la loi actuelle ne nous donnait pas droit. Mais, où le défenseur admis officieusement ne peut rien dire, le défenseur officiellement imposé par le législateur pourrait faire remarquer aux magistrats le vice des procédés qu'ils emploient et obtenir des rédactions plus scrupuleusement exactes.

Il est donc à souhaiter que l'instruction devienne plus ouverte encore et que l'avocat *puisse, s'il le juge utile*, assister aux dépositions des témoins.

5. — *Admission du ministère public et de la partie civile.* — Serait-il bon, comme dans le projet Ricard, d'admettre à l'instruction, concurremment avec le conseil de l'inculpé, un représentant du ministère public et la partie civile ? Nous n'hésitons pas à répondre par la négative (1). D'abord, en ce qui concerne le ministère public, il est incontestable qu'en fait, il a, comme il le veut, communication du dossier (2) ; si le Procureur de la République veut conférer avec le juge d'instruction il l'appelle dans son cabinet (3) et il est bien certain que, malgré toute l'indépendance des magistrats instructeurs, leur enquête serait gênée par la présence constante de leurs supérieurs hiérarchiques.

Et sans aller jusqu'à prétendre qu'il y a entre le juge et l'inculpé un véritable duel judiciaire, comme on l'a dit avec exagération, il faut bien reconnaître que le juge d'instruction n'est pas seulement un juge : il ne statue pas sur des éléments à lui présentés et en présence desquels il n'a qu'à rendre sa sentence ; bien au contraire, il

(1) Voir à ce sujet dans les *Pandectes françaises*, 1898 : les discours de rentrée en 1897 par J. M. — Discours de MM. Guyon, avocat général à Pau ; Ribet, avocat général à Bordeaux ; Page, substitut du Procureur général à Chambéry ; 1er cahier, pp. 12 et suiv.

(2) Voir Louis Dulac, avocat à Lyon. Discours d'ouverture de la Conférence des avocats, le 2 mars 1885 : *De la réforme de l'instruction criminelle*, p. 13.

(3) *Revue pénitentiaire*, 1899, p. 9.

cherche lui-même à réunir ces éléments, c'est lui qui constitue le dossier et qui, il faut bien le dire, cherche à faire apparaître la culpabilité de celui qu'il croit coupable. Il est officier de police judiciaire, il n'est donc pas besoin de lui adjoindre un magistrat du parquet.

Est-ce une critique que nous faisons ? Bien au contraire. Nous estimons que le juge d'instruction doit chercher la culpabilité et cela seulement. En effet, il n'a pas à rechercher l'innocence qui est admise *à priori* : s'il a une conscience absolue de son devoir, il présume tout inculpé non coupable et ses investigations doivent tendre à assurer qu'il ne s'abuse pas. S'il n'a pas de preuves satisfaisantes, cela suffit : le prévenu est innocent. Cela ne veut pas dire que s'il découvre une preuve d'innocence il doive la négliger : en effet, elle vient renforcer encore la présomption primitive et hâter la solution favorable à l'inculpé ; mais en la recueillant il n'agit pas autrement que le ministère public ne le ferait lui-même.

La présence du ministère public à l'instruction serait donc absolument inutile et même souvent nuisible à cause des conflits qu'elle pourrait soulever.

6. — En ce qui concerne la partie civile, bien qu'elle défende quelquefois des intérêts fort élevés, nous ne pensons pas qu'on doive l'admettre à l'instruction à cause de la passion qu'elle met toujours dans la poursuite. Il nous semble qu'elle doit se fier entièrement à l'action du ministère public ; tous deux poursuivent le même but : ne vaut-il pas mieux laisser la direction de l'affaire à

celui des deux poursuivants qui n'est guidé par aucun intérêt personnel et n'a d'autre passion que l'équitable administration de la justice (1) ?

Quant à la législation fiscale qui oblige la partie civile à faire l'avance des frais, nous la trouvons injustifiable mais elle ne saurait servir de base à l'opinion adverse : il faut la changer, voilà tout.

7. — *Enquêtes officieuses*. — Dans quelle situation la loi nouvelle met-elle le juge d'instruction ? Le premier acte auquel elle l'oblige est de prévenir l'inculpé qu'il peut ne pas répondre. Comment compter, avec cela, obtenir l'aveu ? c'est impossible. Il faut donc, désormais, chercher d'autres moyens de preuve qui suffisent, comme celui-là, à tranquilliser pleinement la conscience du juge. Mais où les trouver ? Comment le juge peut-il arriver à les réunir sans compromettre par des actes de police son caractère élevé de magistrat ? Le seul moyen est qu'il soit secondé, qu'à côté de lui une police bien organisée recherche, assemble les preuves et les lui fasse connaître. A Paris, cela existe déjà et jamais une affaire ne vient devant le juge d'instruction avant d'avoir été préparée par le commissaire de police : il faudrait donc étendre à la France tout entière, la même organisation.

8. — Mais une grave objection se présente : « Que faites-vous, nous dira-t-on, de la loi de 1897 qui crée en faveur des accusés de si grandes garanties ? A quoi bon

(1) En ce sens André, procureur à Chartres : *Régime modifié de l'instruction judiciaire*, p. 85.

avertir l'inculpé qu'il peut ne pas répondre, à quoi bon convoquer l'avocat à ses interrogatoires si, déjà, il existe au dossier des déclarations écrites et signées de lui, des procès-verbaux dressés sans l'assistance de son défenseur?

L'innovation consistera précisément en ceci, que l'enquête policière ne sera pas écrite et ne pourra plus désormais servir de suprême recours contre l'insuffisance des preuves apportées à l'instruction, lors du jugement définitif. Mais laissons la parole à M. Garçon dont nous ne faisons qu'effleurer le système : «... Il est impossible d'admettre que le commissaire de police puisse interroger un inculpé, qui n'est même pas encore inculpé, sans l'assistance de son avocat. Il est ridicule d'imposer ces formes au juge d'instruction si on peut, avant qu'il intervienne, obtenir un aveu de l'individu soupçonné, aveu écrit et signé authentiquement. D'un autre côté, il est impossible pratiquement d'interdire au commissaire un interrogatoire qui, très souvent, suffira pour prouver l'innocence de l'individu soupçonné et qui sera suivi d'une mise en liberté immédiate, très souhaitable d'ailleurs. Mais la conciliation est toute trouvée, si vous admettez les idées que je viens d'énoncer, si l'interrogatoire ne laisse aucune trace. Pas d'écrit d'aucune sorte ; tout écrit, tout rapport présenté par la police et soumis au juge doit entraîner la nullité de la procédure. La police, telle que je l'entends, recherche la preuve, ne la constate pas ; la constatation est faite par le juge, publiquement et contradictoirement (1). »

Nous ne pouvons entrer dans des détails qui sortiraient de notre cadre ; mais nous pensons, conformément à l'opinion de M. Garçon, qu'il y aurait lieu, pour rendre absolument efficace l'application de la loi du 8 décembre 1897, de réformer l'organisation policière, de créer dans tous les grands centres des postes de commissaires aux délégations judiciaires qui seconderaient le juge d'instruction ; mais de laisser à leurs enquêtes un caractère purement officieux, se manifestant par la prohibition de toute espèce d'écrit dans la recherche des preuves. De cette façon, les juges d'instruction ne seraient pas désarmés et, d'autre part, les formes à eux imposées ne seraient pas illusoires.

En somme, l'utilité incontestable des réformes que nous proposons prouve que la loi du 8 décembre 1897 n'est qu'une loi d'attente encore très imparfaite ; mais cependant une des plus importantes qui aient été promulguées depuis près d'un siècle, puisqu'elle est le premier coup de pioche donné dans le roc désagrégé du Code de 1808.

(1) Société des Prisons. *Rev. pénit.*, 1899, p. 31.

DES SANCTIONS

PROLÉGOMÈNES

9. — Il faut reconnaître que des travaux qui ont précédé l'adoption de la loi nouvelle, il se dégage envers les magistrats en général et les juges d'instruction en particulier des sentiments incontestables d'hostilité. Cet état d'âme avait déjà frappé l'esprit perspicace de M. Guillot en 1884 (1) et, pendant toute la période qui s'écoula entre cette date et le vote de la loi, il ne fit que s'accentuer (2). En 1897, il arriva à son paroxysme et au sein des assemblées législatives on entendit contre la magistrature de véritables réquisitoires : l'interpellation Viviani, en particulier (3), au lendemain de l'affaire Pélissier, fut d'une violence extrême et l'orateur fut suivi par la très grande majorité de la Chambre.

Lors de la dicussion des articles, le ton s'adoucit un peu ; mais M. Monis ne déclara pas moins à la tribune du Sénat qu'à son avis, les mœurs professionnelles de la

(1) Guillot, *Les principes du nouveau Code d'instruction criminelle*, 1884, pp. 6 et 8.

(2) Brégeault, *Rev. pénit.*, 1898, p. 963.

(3) Séance du 5 avril 1897.

magistrature étaient en pleine décadence depuis une quinzaine d'années. La vérité est que depuis que la réforme était entreprise, les erreurs et les fautes des magistrats (comment les éviter complètement ?) avaient été soigneusement enregistrées, cataloguées et qu'étant donné le nombre des procès, on pouvait présenter, au bout de quinze ans, un nombre assez respectable de documents.

M. Constans, quoique peu bienveillant aux magistrats, fut néanmoins plus modéré dans la forme : « Vos juges d'instruction sont comme tous les hommes ; ce sont des fonctionnaires comme les autres, qui ont besoin d'être surveillés, j'emploie l'expression à dessein... C'est la présence de l'avocat seule qui... viendra exercer sur le magistrat une influence, une action suffisamment efficaces pour l'empêcher de faire, s'il pouvait en être tenté, autre chose que son devoir. »

Faut-il s'étonner, devant de semblables faits, que le législateur ait institué des sanctions ? Cette défiance, d'ailleurs injustifiée, qu'il montrait à l'égard des juges d'instruction ne le mettait-elle pas dans la nécessité de chercher à assurer le plus possible le respect des dispositions qu'il édictait ? Certes il ne s'en est pas fait faute et les nombreuses sanctions qu'il a attachées à leur inobservation, montrent avec quelle énergie il a entendu imposer sa volonté. On pourrait même dire que, quelquefois il a été trop loin et que lorsqu'il a menacé de la dégradation civique les Procureurs de la République qui auraient involontairement enfreint ses prescriptions, il s'est montré d'une sévérité peut-être excessive.

Quoi qu'il en soit, il n'en est pas moins vrai qu'il a donné aux inculpés des garanties qui leur permettent d'exiger l'application rigoureuse de la loi bienfaisante en imposant des sanctions qui intéressent, soit ceux qui sont chargés d'administrer la justice, soit les procédures qu'ils ont édifiées.

Les premières se présentent sous forme de *sanctions pénales, disciplinaires ou civiles*, les autres sous forme de *nullités* des procédures non conformes à la volonté du législateur.

Nous les étudierons successivement.

CHAPITRE PREMIER

SANCTIONS QUI INTÉRESSENT LES MAGISTRATS ET FONCTIONNAIRES.

10. — De tous les biens de la nature et de la civilisation, le plus éminemment respectable est évidemment la liberté individuelle. Il est certain qu'en matière criminelle, on peut se trouver obligé de violer ce droit naturel et de mettre celui contre lequel pèse un soupçon sérieux à l'abri des communications extérieures, afin de sauvegarder la recherche de la vérité. Mais alors et pour concilier le droit de l'individu et la nécessité sociale, on doit assurer à l'individu le minimum de privation de liberté et faire en sorte que l'innocent ne puisse être longtemps détenu ou le coupable longtemps injugé.

C'est en s'inspirant de ces idées que le législateur de 1897 a prescrit l'interrogatoire dans les 24 heures, de tout individu écroué dans une maison de dépôt ou d'arrêt ; il n'a pas voulu qu'il fût exposé à la négligence ou à la malveillance (bien rare d'ailleurs) de ceux qui sont chargés d'exercer la justice : « *A l'expiration de ce délai*, dit la loi, *l'inculpé sera conduit d'office et sans aucun nouveau délai, par les soins du gardien-chef, devant le Procureur de la République, qui requerra du juge d'instruction l'in-*

terrogatoire immédiat. En cas de refus, d'absence ou d'empêchement dûment constaté du juge d'instruction, l'inculpé sera interrogé sans retard, sur les réquisitions du ministère public, par le président du tribunal ou par le juge qu'il désignera ; à défaut de quoi, le Procureur de la République ordonnera la mise en liberté immédiate de l'inculpé. » Un inculpé ne peut donc rester plus de 24 heures incarcéré sans subir un premier interrogatoire ; passé ce délai, il doit être mis en liberté.

Dans le paragraphe suivant, la loi indique les sanctions attachées à l'inobservation de ses prescriptions : « *Tout inculpé arrêté en vertu d'un mandat d'amener qui, en violation du paragraphe précédent, aura été maintenu pendant plus de 24 heures dans la maison de dépôt ou d'arrêt sans avoir été interrogé par le juge d'instruction ou conduit, comme il vient d'être dit, devant le Procureur de la République, sera considéré comme arbitrairement détenu.*

« *Tous gardiens-chefs de maison de dépôt ou d'arrêt, tous Procureurs de la République qui ne se seront pas conformés aux dispositions du paragraphe* 2 *précédent, seront poursuivis comme coupables d'attentats à la liberté et punis, savoir : les Procureurs de la République ou autres officiers du ministère public, des peines portées en l'article* 119 *du Code pénal* (dégradation civique) *et les gardiens-chefs des peines portées en l'article* 120 *du même Code* (emprisonnement de 6 mois à 2 ans, amende de 16 fr. à 200 fr.). *Le tout sans préjudice des sanctions édictées par l'article* 112 *contre le greffier* (amende de 50 fr.

au moins), *le juge d'instruction et le Procureur de la République* (injonctions, prise à partie). »

Ces dispositions de l'article 2 nous paraissent excessives et ce déploiement de pénalités constitue, contre les magistrats, une menace inutile : « La loi, disait le premier président de Lamoignon, ne saurait marquer trop d'estime pour ceux qui s'appliquent à conduire les autres; pourquoi leur marquerait-elle de la défiance? En les menaçant d'un châtiment, elle ne peut que diminuer leur dignité. Il faut relever la justice mais sans abaisser les juges (1). » Sans aller jusqu'à dire que les juges doivent n'être menacés d'aucun châtiment, nous pensons qu'en tous cas il doit être d'une nature appropriée à leur situation et au respect nécessaire à l'autorité de la justice : la prise à partie nous aurait paru suffisante.

11. — D'ailleurs, à la discussion de l'article, M. Morellet s'éleva contre la rigueur de ces sanctions (2). M. le rapporteur déclara qu'il n'y avait là que l'extension de l'article 119 du Code pénal. Mais M. Morellet fit alors observer que l'article 119 vise les cas de détention arbitraire intentionnelle et qu'étendre ses dispositions au simple fait de n'avoir pas mis l'inculpé en liberté dans les 24 heures constituerait, dans notre droit pénal, une nouveauté : *le crime-contravention.*

Il avait raison de parler de crime-contravention ; mais

(1) Discours de rentrée de M. A. Guyon, avocat général à Pau, du 16 octobre 1897.

(2) Séance du Sénat, 10 juin 1897.

il n'était pas exact que ce fût une nouveauté. C'est ainsi qu'une loi du 3 mars 1822 relative à la police sanitaire, dispose dans son article 7 : « Toute violation des lois et des règlements sanitaires sera punie : De la peine de mort, si elle a opéré communication avec des pays dont les provenances sont soumises au régime de la patente brute (c'est-à-dire, pays infectés d'une maladie réputée pestilentielle, conformément à l'article 3) ; de la peine de la réclusion et d'une amende de 200 francs à 20.000 fr. si elle a opéré communication avec des pays dont les provenances sont soumises au régime de la patente suspecte (c'est-à-dire pays soupçonnés de contagion ou en relations libres avec des pays infectés). » Voilà donc bien déjà, dans notre législation un crime-contravention, et il y en a d'autres (1).

Et quand cela eût constitué une innovation, il n'y avait rien là qui dût empêcher de l'admettre : les dénominations des infractions ne correspondent pas à leur nature mais aux peines qui les sanctionnent, il n'y avait pas plus d'impossibilité à admettre un crime non intentionnel causé par inattention, négligence ou inobservation des règlements, qu'il n'y en a eu à admettre des délits contraventionnels.

M. Couturier, commissaire du Gouvernement, fit remarquer qu'après la démarche obligatoire du gardien-chef, il était impossible que le Procureur de la République fût

(1) Ex : célébration d'un mariage religieux sans justification du mariage civil (C. pén., art. 200).

victime d'un oubli et que la seule hypothèse possible était la résistance volontaire à la loi.

Mais il nous semble qu'il oubliait l'hypothèse où, par pure négligence, le Procureur de la République s'abstient de venir à son cabinet ou s'absente sans se faire remplacer par un de ses substituts. Dans ce cas, s'il est impossible de le trouver et que le gardien-chef ne prenne pas l'initiative de mettre l'inculpé en liberté, celui-ci restera en prison préventive par la faute de ceux qui devraient être, en principe, infaillibles. Il est donc équitable qu'ils aient à répondre de leur négligence et que ceux qui sont chargés de faire respecter la loi soient, plus sévèrement que les autres, tenus de l'observer eux-mêmes.

Que la peine soit trop sévère, c'est possible ; mais nous n'avons pas à réformer la loi et il est certain qu'elle a eu l'intention d'atteindre les infractions même non intentionnelles commises dans l'exercice de ses prescriptions : il y a là, sans aucun doute, *un crime-contravention.*

Sans cela, à quoi bon voter ce long article? L'article 119 du Code pénal suffisait, il n'était pas nécessaire de le paraphraser sous une forme moins concise et moins claire.

Et, de plus, est-il utile de faire remarquer l'invraisemblance de l'autre hypothèse? On peut craindre que, par suite d'une négligence ou d'un oubli, un inculpé soit retenu plus longtemps qu'il n'est permis ; mais comment admettre qu'un Procureur de la République aille, volontairement, se mettre en révolte ouverte contre la loi qu'il lui coûte si peu d'observer?

Quoi qu'il en soit, le texte existe : il ne nous reste qu'à en voir de plus près les détails d'application.

Procureur de la République.

12. — Aux termes de la loi, ce magistrat est tenu : 1° de requérir l'interrogatoire immédiat lorsque le gardien-chef lui a fait connaître l'arrestation de l'inculpé ; 2° si l'interrogatoire ne peut avoir lieu, de faire remettre l'inculpé en liberté.

S'il contrevient à ces dispositions, il se met en faute et s'expose aux sanctions de la loi : elles sont de trois sortes :

1° *Sanction pénale.* — Il est soumis à l'application de l'article 119 du Code pénal, qui prononce la dégradation civique contre tout fonctionnaire coupable de détention arbitraire. Les conséquences de cette peine consistent dans la privation des droits énumérés en l'article 34 du Code pénal : exclusion de tous emplois publics ; privation du droit de vote, d'éligibilité, de port de décoration, incapacité d'être juré, expert, témoin, tuteur, curateur... de servir dans l'armée... d'être professeur, etc... De plus, il est à remarquer que cette peine étant prononcée là comme peine principale, elle peut, aux termes de l'article 35 du Code pénal, être accompagnée d'un emprisonnement facultatif qui ne pourrait dépasser cinq ans.

2° *Sanction disciplinaire.* — Si, contrairement à notre opinion, on repousse l'idée de crime-contravention et si l'on décide que le Procureur de la République n'est soumis à la sanction pénale que lorsqu'il aura détenu arbitrairement et avec intention, un inculpé, la sanction disciplinaire trouve tout naturellement son application lorsque par suite d'une négligence non intentionnelle, ce magistrat, ne s'étant pas conformé aux dispositions de la loi, ne tombe pas, à raison de sa bonne foi, sous le coup de la sanction pénale.

Il y aurait là en effet, de sa part, tout au moins une faute professionnelle.

Mais pour nous qui admettons que, même dans le cas de détention prolongée non intentionnelle, la sanction pénale est encourue, nous devons reconnaître que l'application de la sanction disciplinaire sera plus rare.

A première vue, elle paraît impossible ; car il est bien certain que si la sanction pénale est appliquée, le coupable dégradé civiquement, ne pouvant plus être Procureur de la République ne peut plus encourir les peines prononcées disciplinairement contre ce magistrat. D'autre part nous n'avons pas le droit d'admettre l'hypothèse dans laquelle, la sanction étant encourue, la poursuite n'aurait pas lieu ; il y aurait là un déni de justice inadmissible même en théorie.

Mais la sanction disciplinaire s'appliquera dans le cas où, le crime étant certain, le jury, usant de son droit de pardon et jugeant au surplus librement et sans recours, aura prononcé l'acquittement du magistrat coupable. Dans ce cas et sans qu'il y ait là une violation de la maxime *non bis in idem*, celui-ci pourra, à titre de sanction disciplinaire, recevoir des injonctions, être déplacé, ou même encourir la révocation.

3° *Sanction civile.* — De plus, à raison du préjudice souvent considérable causé à l'individu arbitrairement détenu, le délinquant lui devra une réparation pécuniaire dont le taux ne pourra, aux termes de l'article 117 du Code pénal, être inférieur à 25 francs par journée de détention arbitraire.

En somme, le Procureur de la République est soumis à des sanctions très sévères puisque, s'il ne remplit pas les obligations imposées par la loi, il pourra à la fois subir des peines disciplinaires, être pris à partie et, de plus, être menacé de la dégradation civique.

Le texte indique que la loi n'entend pas limiter ses dispositions au chef du parquet mais aussi à ceux qui ont qualité pour le remplacer : substituts ou juges-suppléants.

Gardien-chef.

13. — Ce fonctionnaire est tenu de conduire devant le Procureur de la République tout individu arrêté et cela dans les 24 heures de son incarcération. D'après certains auteurs, il en est tenu personnellement et ne pourrait être admis, au cas d'infraction, à justifier qu'il a agi par ordre de ses supérieurs hiérarchiques (1). Il est, comme le Procureur de la République, soumis aux trois catégories de sanctions.

1° *Sanction pénale.* — Il encourt les peines portées en l'article 120 du Code pénal, c'est-à-dire un emprisonne-

(1) Dagallier et Bazenet, *La Réforme de l'Instruction criminelle*, p. 74.

ment de 6 mois à 2 ans et une amende de 16 francs à 200 francs. Il ne commet donc qu'un délit ; mais est-ce un délit qui comporte l'intention délictueuse ou un délit de négligence ? Nous croyons que la seconde opinion est la vraie ; les discussions des travaux préparatoires n'ont porté surtout, il est vrai, que sur les magistrats, mais il s'agissait de l'article tout entier et il est peu probable que le législateur ait entendu statuer différemment (1).

2° *Sanction disciplinaire.* — Le gardien-chef coupable peut être réprimandé, déplacé, révoqué.

3° *Sanction civile.* — Il ne peut, évidemment, être pris à partie ; mais il peut lui être demandé réparation du préjudice causé par sa faute, en vertu de l'article 1382 du Code civil.

JUGE D'INSTRUCTION.

14. — La faute de ce magistrat pourra consister dans le refus d'obéir à la réquisition du ministère public et d'interroger immédiatement l'inculpé. Il est à peine besoin de dire qu'un tel refus le rend passible de poursuites devant le conseil supérieur de la magistrature et qu'il y peut encourir des *peines disciplinaires.* Il y a là, de plus, un véritable déni de justice donnant ouverture à la prise à partie, conformément à l'article 505 du Code de procédure civile, ce qui constitue une *sanction civile.*

Mais, à la différence des magistrats du ministère pu-

(1) *Contrà* : Louis André, Procureur de la République à Chartres : *Régime modifié de l'Instruction judiciaire.* — *En notre sens* : Olier, *La Réforme de l'Instruction préparatoire*, p. 48.

blic, ils ne sont pas soumis aux sanctions pénales. Cette différence de traitement s'explique difficilement.

GREFFIER.

15. — La loi ne lui impose aucune obligation spéciale. Elle renvoie simplement aux dispositions de l'article 112 du Code d'instruction criminelle, relatives à la matière des mandats et dont la sanction est une amende de 50 fr. au moins.

CHAPITRE II

SANCTIONS QUI INTÉRESSENT LES PROCÉDURES (NULLITÉS).

SECTION I. — **Cas de nullité.**

1° *Cas prévus par la loi.*

16. — L'article 12 de la loi du 8 décembre 1897 énumère formellement quatre cas de nullité : « *Seront observées*, dit cet article, *à peine de nullité de l'acte et de la procédure ultérieure, les dispositions prescrites par les articles* 1er, 3 § 2, 9 § 2 et 10. »

Sans faire de ces dispositions une étude approfondie qui sortirait du cadre de cet ouvrage, il est néanmoins indispensable d'en donner un aperçu rapide ; d'autant qu'à certains égards elles sont quelquefois soumises à des règles différentes au point de vue de la nature de la nullité ou de son étendue et qu'il importe, par conséquent, de les distinguer tout d'abord.

A. — VIOLATION DE L'ARTICLE 1er.

17. — « *Le juge d'instruction ne peut concourir au jugement des affaires qu'il a instruites* » (art. 1er).

Cette disposition qui n'est que l'extension de l'article 257 § 2 du Code d'instruction criminelle, a pour but d'assurer à l'inculpé le bénéfice d'une juridiction impartiale, sur la décision de laquelle aucun esprit involontairement prévenu ne puisse influer. Rien d'ailleurs ne peut exprimer mieux l'intention du législateur que le rapport dans lequel M. Thézard proposait, lors des travaux préparatoires, l'adjonction de cette disposition au projet Constans : « Le juge d'instruction, par le seul fait qu'il a préparé l'affaire et décidé le renvoi du prévenu devant le tribunal, a nécessairement sa conviction faite à l'avance ; il apporte donc au jugement une opinion préconçue ; il est aussi irrationnel de le faire participer à la décision définitive que d'appeler au jugement sur l'appel un magistrat qui aurait statué en première instance. Mais sa voix n'est pas seulement une voix presque acquise à la condamnation, elle est aussi et par la force des choses une voix prépondérante. Le juge d'instruction qui a suivi l'affaire depuis longtemps en connaît les moindres détails ; qu'il ait bien ou mal apprécié, il possède tous les éléments qui viennent à l'appui de son opinion et est à même de les faire valoir ; quant aux raisons dont pourrait s'étayer l'opinion contraire, elles risquent de passer inaperçues (1). »

Il semble que cette disposition doive être interprétée restrictivement et que, par conséquent, toutes les fois qu'il n'y aura pas, de la part du juge, véritablement acte d'instruction ou de jugement, la règle ne devra pas s'appliquer. Le juge d'instruction pourra donc être valable-

(1) Rapport Thézard, 25 novembre 1895, *Doc. parl.*, n° 22, p. 8 ; Sénat, sess. extr., 1895.

ment entendu comme témoin ou requérir comme représentant du ministère public. De même, le juge qui n'aurait fait que signer une cédule ordonnant l'assignation d'un témoin n'aurait pas fait un acte suffisant d'instruction et pourrait concourir au jugement (1). A notre avis, ce dernier point est plus douteux, car si l'on n'admet pas que la disposition de l'article 1er doive s'appliquer à tout acte d'instruction si peu important soit-il, il est à crain- qu'on ne tombe dans l'arbitraire lorsqu'il s'agira de prendre parti sur la plus ou moins grande importance de l'acte (2).

Ceci n'est d'ailleurs qu'une application de la règle, à savoir que le magistrat qui a fait seulement certains actes d'instruction, doit être exactement dans la même situation que celui qui a fait toute l'instruction. Une jurisprudence constante applique cette règle à l'article 257 du Code d'instruction criminelle (3), et l'article 1er qui nous occupe, n'en étant qu'une extension, doit s'exercer suivant les mêmes principes :

« Attendu, dit la Cour d'appel de Pau, que M. M..., juge suppléant au tribunal civil de Pau, a été appelé, au

(1) Vallet, *Commentaire pratique de la loi du 8 décembre 1897*, p. 44; Olier, *op. cit.*, p. 31.

(2) Il y a néanmoins exception lorsque le juge a signé, *pour le juge d'instruction*, une demande de renseignements ; car il y a là un fait purement matériel qui ne saurait constituer, à aucun degré, un acte d'instruction (Cass., 26 novembre 1897, *Bull. crim.*, n° 376).

(3) Cass., 1er août 1829, D. 29.1.318 ; 4 novembre 1830, D. 31.1.22 ; 20 octobre 1832, D. 33.1.83 ; 29 mai 1834, D. 34.1.262 ; 3 juillet 1834, D. 34.1.271 ; 16 août 1844, *Bull. crim.*, n° 291 ; 3 avril 1873, D. 73.1.224 ; 18 septembre 1884, *Bull. crim.*, n° 278.

cours de l'information ouverte contre Gamarde, à remplacer provisoirement le juge d'instruction titulaire ; qu'il résulte de l'examen de la procédure que ce magistrat a fait contre le prévenu un acte d'instruction particulièrement irritant puisqu'il a donné contre lui un mandat d'arrêt ; que dans ces conditions, il devait s'abstenir de participer au jugement de condamnation qui se trouve, par suite, entaché d'un vice qui le rend radicalement nul (1). »

On devra donc de même considérer comme nul un jugement auquel aurait pris part : 1° un magistrat qui, en remplacement du juge d'instruction empêché, aurait procédé à l'interrogatoire de l'accusé ; 2° celui qui commis pour interroger un complice mis plus tard hors de cause, a confronté ce complice avec le prévenu ; 3° celui qui a envoyé une commission rogatoire à l'effet d'entendre des témoins ; 4° celui qui a entendu des témoins en vertu d'une commission rogatoire (2).

18. — Que faudra-t-il décider lorsqu'un membre d'un tribunal ou de la Chambre des mises en accusation, chargé d'une enquête supplémentaire, sera ensuite appelé à statuer sur le fond du procès ? Les auteurs et la jurisprudence, en vertu de l'analogie de l'article 257 § 2 du Code d'instruction criminelle, estiment qu'il n'y aura pas là une cause de nullité (3).

(1) Cour d'appel de Pau (Ch. correct.), 11 novembre 1899, *Gaz. Pal.*, 27 mars 1900.

(2) G. Le Poittevin, *Lois Nouvelles*, 1899, 4e part., p. 83.

(3) En ce sens : G. Le Poittevin, *Lois Nouvelles*, 1899, 4e part., p. 83 : Milhaud et Monteux, *L'Instruction criminelle*, n° 31, p. 32 ; G. Leloir, *Code d'instruction criminelle*, Introduction. Cass., 8 décembre 1898.

L'arrêt suivant met en lumière les motifs sur lesquels ils basent leur opinion : « Attendu, en fait, que par un jugement préparatoire du 18 octobre dernier, le tribunal correctionnel de Chambéry a chargé le sieur Blanc, l'un de ses membres, de procéder à un supplément d'instruction ayant pour objet de vérifier certaines allégations du prévenu qui, si elles eussent été fondées, auraient fait disparaître le délit, et que le sieur Blanc, après avoir procédé à cette instruction supplémentaire a néanmoins pris part au jugement définitif qui a condamné Bollard ; Attendu, en droit, que l'article 1er de la loi susvisée, en décidant que le juge d'instruction ne peut concourir au jugement des affaires qu'il a instruites, n'a eu d'autre but que d'étendre aux tribunaux correctionnels, telle que l'avait interprétée la jurisprudence, la règle établie pour les Cours d'assises par l'article 257 du Code d'instruction criminelle ; que cette règle a toujours été entendue comme visant seulement les juges qui ont participé dans une mesure quelconque à l'instruction primitive, mais non comme empêchant le président de la Cour d'assises de procéder lui-même ou de faire procéder par l'un de ses assesseurs, en vertu de la délégation spéciale qu'il a reçue de la loi, à des actes d'instruction ultérieurs ; que c'est donc également dans ce sens que doit être étendu l'art. 1er de la loi du 8 décembre 1897 ; qu'en effet, une fois le tribunal correctionnel saisi, le juge d'instruction n'a plus qualité pour instruire et que, si une instruction supplémentaire est nécessaire, elle ne peut être faite que par le tribunal lui-même ou par un de ses membres délégués à cet effet (1). »

Nous pensons que cette décision est contraire à l'esprit de la loi qui veut éviter que les juges du fond aient, au moment du débat définitif, une opinion préconçue. En effet, les inconvénients si bien exposés dans le rapport Thézard cité plus haut, se présenteraient dans l'espèce et c'est ce que le législateur n'a pu vouloir.

19. — *Particularité concernant l'Algérie.* — A raison de l'organisation judiciaire encore fort imparfaite de cette colonie, un décret du 19 août 1854 (art. 7) avait abrogé l'article 257 du Code d'instruction criminelle, excluant des débats d'une affaire criminelle le juge qui l'a instruite (2).

Or, comme il est de principe que les lois qui modifient une législation déjà en vigueur en Algérie lui sont applicables de plein droit sans promulgation spéciale (3), la loi du 8 décembre 1897 a donc redonné vigueur à l'incompatibilité édictée par l'article 257, en l'étendant aux cas visés par elle, c'est-à-dire même en matière correctionnelle. La jurisprudence est en ce sens (4).

B. — Violation de l'article III § 2.

20. — La loi prescrit à peine de nullité : « *La mention*

(1) Crim. *rejet,* 27 janvier 1899, D. 99.1.240.

(2) Estoublon et Lefébure, *Code de l'Algérie annoté.* V. Décret à sa date.

(3) Paul Sumien, *Régime législatif de l'Algérie,* p. 71 et suiv. Cour d'Alger, 10 janvier 1898, *Revue algérienne,* 1898.2.91.

(4) Crim. *rejet,* 12 février 1898, *Revue algérienne,* 1898.2.193.

au procès-verbal que, lors de la première comparution, le magistrat instructeur a averti l'inculpé qu'il était libre de ne faire aucune déclaration » (art. 3 § 2) (1).

Prescrire cette mention à peine de nullité c'est prescrire à peine de nullité l'avertissement lui-même, la relation au procès-verbal d'une chose inexacte étant une hypothèse invraisemblable. C'est donc de l'avertissement que nous nous occuperons plutôt que de la mention, qui n'est prescrite qu'à titre de preuve. Cependant, le texte est tellement impératif que, l'avertissement eût-il été donné en réalité, l'absence de mention devrait entraîner la nullité du procès-verbal. Le législateur a voulu que la disposition de l'article fût rigoureusement observée et, en exigeant la mention, il a garanti l'inculpé contre un oubli possible du magistrat.

Cette prescription est d'ailleurs capitale : c'est souvent de la première comparution que dépend le sort de l'accusé ; arrêté depuis peu de temps et sous le coup de l'inculpation qui vient de le frapper, il peut, en pénétrant dans le cabinet du juge d'instruction, peut-être pour la première fois, perdre son sang-froid et se compromettre par des déclarations irréfléchies. Combien d'accusés innocents, coupables seulement d'imprudence, se sont laissés aller à dénaturer la vérité des faits de crainte qu'on ne pût retenir quelque chose contre eux et ont ainsi, par leurs dénégations maladroites, laissé se former à

(1) Trib. Seine, 6 février 1899, D. 99.2.64 ; C. Douai, 19 avril 1899, D. 99. 2.216.

leur encontre une conviction défavorable ! C'est bien à tort que M. Gayot, dans la séance du 27 mai 1882 (1), soutenait que les innocents avaient toujours intérêt à parler ; l'honorable sénateur n'avait sans doute pas la pratique de l'instruction criminelle et ne se doutait pas qu'il n'y a guère de gens plus maladroits que les innocents. « L'inculpé, dit M. le conseiller Falcimaigne dans son rapport à la Cour de cassation, doit comparaître dans les 24 heures qui suivent son arrestation. Il faut, dans ce premier moment de trouble inévitable, le protéger contre toute surprise et empêcher qu'il ne compromette le sort de sa défense par des aveux irréfléchis ou par des dénégations mensongères plus dangereuses encore..... Cependant il n'importe pas moins de réserver à l'inculpé la faculté de fournir les explications qu'il juge utiles, car il peut être en mesure, dès ce moment, de prouver l'inanité de l'accusation portée contre lui et de reconquérir sur le champ sa liberté. Le juge le préviendra donc qu'il peut, à son gré, parler ou se taire, et il se bornera à recevoir les déclarations qui seraient faites ainsi, spontanément et librement (2). »

21. — Cette disposition de loi s'applique-t-elle à tous les inculpés, qu'ils comparaissent en vertu d'un mandat d'amener ou seulement d'un mandat de comparution ? Il semble, d'une part, que les motifs qui ont déterminé la création de l'article n'aient été dictés que par l'intention

(1) Sénat, 27 mai 1882, *Déb. parlem.*, p.564.
(2) V. Rapport *in extenso*. *Gaz. Trib.*, 30-31 décembre 1896.

de protéger contre un trouble inévitable l'individu en état d'arrestation ; mais, d'autre part, nous ne pensons pas que le texte nous autorise à restreindre au cas de mandat d'amener la prescription de la loi : « *Dans le cas de mandat de comparution,* dit l'article 2, *il interrogera de suite* ; *dans le cas de mandat d'amener, dans les 24 heures...* » Et l'article 3 ajoute : « *Lors de cette première comparution..* » On ne peut guère soutenir que ces derniers mots ne s'appliquent qu'à l'inculpé en état de mandat d'amener : la loi ne fait aucune exception (1).

22.— *Quid* s'il s'agit d'un mandat d'arrêt ? La loi n'en parle pas, il est vrai ; mais il nous semble qu'on doit étendre, *a fortiori*, les dispositions de la loi à ce mandat qui est plus grave que l'autre (qui le contient, dit M. Paul Jolly) et qui est plus propre encore à troubler l'accusé (2). En somme, nous croyons que lors d'une première comparution quelconque, que l'inculpé soit libre ou détenu, le juge est tenu d'observer les prescriptions de l'article 3 § 1 et 2 (3).

23. — MM. Milhaud et Monteux (4) considèrent que l'avertissement n'est pas nécessaire lorsqu'il s'agit d'un inculpé libre ; mais pour concilier cette idée avec l'obli-

(1) *Contrà*, Milhaud et Monteux, *L'instruction criminelle*, nos 79-80, p. 97-98.

(2) En ce sens, Dagallier et Bazenet, *La Réforme de l'instruction criminelle*, p. 101. Conclusions de la 2e section de la Société des prisons, *Revue pénitentiaire*, 1898, p. 1212, *Rapport de M. le professeur A. Le Poittevin*.

(3) En ce sens, Brégeault et Albanel, *Lois Nouvelles*, 1898.1.51 ; Leloir, *Code d'instruction criminelle*, Introduction, p. XIX.

(4) *Op. cit.*, n° 80, p. 98.

gation de respecter l'article 9 § 2 (présence du conseil à tout interrogatoire), ils indiquent le moyen suivant : « Si lors de la première comparution, l'inculpé se présente assisté de son avocat, le juge pourra l'interroger, bien que ce soit la première comparution et il n'aura pas à le prévenir qu'il peut ne pas répondre. Mais si, lors de la première comparution, l'inculpé arrive seul, sans avocat, le juge l'invitera à en choisir un et ne procédera à l'interrogatoire de l'inculpé qu'après qu'il aura pu convoquer le défenseur. » Mais si, dans ce second cas, le juge n'invite pas l'inculpé à choisir un avocat, quelle sera la sanction ? Cette invitation n'est point prescrite à peine de nullité et, comme nous le verrons, MM. Milhaud et Monteux n'admettent pas d'autres nullités que celles indiquées par l'article 12. Et si l'inculpé ne veut point d'avocat ?.. Il pourra très bien se faire, en effet, qu'un inculpé primaire, ignorant son droit de ne pas répondre, renonce à choisir un défenseur, préférant exposer tout de suite ce qu'il considère comme des moyens de défense et qui, peut-être, le compromettra dans la suite. A notre avis, il faut que l'inculpé sache qu'il a du temps devant lui, que le silence est un droit que lui confère la loi et qu'en se taisant, il ne préviendra pas l'esprit du juge contre lui.

Et dans le cas où l'inculpé est, lors de la première comparution, assisté de son défenseur, qui autorise à dire que l'avertissement n'est pas nécessaire ? Nous pensons, avec MM. Brégeault et Albanel (1) que même lorsque l'avocat

(1) *Lois Nouvelles*, 1898.1.62.

assiste à la première comparution, le juge doit avertir l'accusé qu'il est libre de ne pas répondre, d'abord parce que le texte ne fait pas d'exception et, ensuite, parce que cet avertissement est tellement capital, qu'on ne pourrait admettre qu'il fût passé sous silence, sans que les droits de la défense fussent violés gravement.

Le Tribunal de la Seine a, dans un jugement du 28 février 1898 (1), adopté l'opinion de MM. Milhaud et Monteux. Mais la Cour de Paris, dans un arrêt du 7 avril 1898, se range entièrement à notre opinion : « La Cour ; Considérant en fait que la femme Lesbourdy prévenue d'adultère et Chatelain son complice ont été appelés, sous mandat de comparution, devant le magistrat instructeur ; qu'ils se sont présentés au jour indiqué et que le juge d'instruction a procédé à leur interrogatoire tout à la fois initial et final et reçu leurs déclarations sans leur donner l'avertissement préalable qu'ils avaient le droit de ne pas en faire ;

« Considérant en droit que la formalité de l'article 3 de la loi des 8-10 décembre 1897, constituant pour le législateur une garantie substantielle des droits de la défense, a été prescrite à peine de nullité de l'interrogatoire et de toute la procédure ultérieure, par l'article 12 de la même loi ;

« Considérant que le magistrat instructeur, en se faisant juge de l'utilité et de l'opportunité de l'accomplisse-

(1) *Le Droit*, 28 février-1er mars 1898.

ment de cette formalité et en s'abstenant de la remplir, a outrepassé ses droits ; que le tribunal, en refusant de prononcer la nullité, a distingué là où la loi ne distingue pas et créé, pour le juge, un cas de dispense non prévu au texte ;

« Considérant que le magistrat instructeur, a, il est vrai, constaté que les prévenus étaient assistés de leur défenseur auquel communication du dossier avait été faite la veille ;

« Mais considérant que le tribunal, en induisant, de cette seule circonstance, la conséquence forcée qu'il y avait eu entente préalable entre les prévenus et leur avocat, ce qui rendait l'avertissement inutile, a tiré une déduction qui pouvait n'être pas vraie en fait, et, en tout cas, violé le texte même de la loi... » (1).

24. — La loi n'ayant pas précisé ce qu'elle entend par les mots : *cette première comparution*, il faut, pour les interpréter, s'inspirer de son esprit. Il faudra donc admettre que dans le cas où un témoin deviendrait, par la suite, inculpé, il y aurait lieu, en lui faisant connaître l'inculpation qui pèse sur lui, de l'avertir qu'il peut ne pas faire de déclarations bien qu'il ait déjà déposé comme témoin.

De même, lorsqu'au milieu d'une poursuite, une nouvelle inculpation vient à naître il y a lieu d'observer, à l'égard de cette nouvelle inculpation, les prescriptions

(1) D. 98.2.209 ; *Journ. Minist. public*, 1898, 38.

de l'article 3, § 1 et 2. C'est ainsi que si, au cours d'une affaire d'escroquerie, le juge découvrait les éléments d'un faux, il devrait, bien qu'il ait interrogé l'inculpé plusieurs fois sur l'escroquerie, l'avertir qu'à l'égard de l'inculpation de faux il est libre de ne faire aucune réponse. En effet, à chaque inculpation nouvelle, les mêmes dangers d'aveux irréfléchis ou de dénégations maladroites se présentent et c'est précisément contre eux que la loi a voulu établir une protection (1).

FLAGRANT DÉLIT.

25. — Dans le cas de flagrant délit, le Procureur de la République peut faire, en vertu des articles 32 et suivants du Code d'instruction criminelle, les mêmes actes que le juge d'instruction. Lorsqu'il procède à l'interrogatoire, est-il tenu d'adresser à l'inculpé l'avertissement prescrit par l'article 3 § 1 et 2? Il n'y a aucune raison pour faire supposer le contraire ; que le magistrat instructeur soit le juge d'instruction ou le Procureur de la République, qu'il y ait ou non flagrant délit, l'intérêt de l'inculpé est le même et les mêmes considérations se présentent. M. André, Procureur de la République à Chartres, pense comme nous : «... En définitive, remarquons-le bien, c'est non seulement le juge d'instruction, mais aussi le Procureur de la République et ses auxiliaires agissant dans le cas que nous venons de préciser (flagrant délit) qu'obligent, au point de vue des modali-

(1) En ce sens : Milhaud et Monteux, *op. cit.*, n° 82 ; Leloir, *op. cit.*, p. XIX.

tés nouvelles de la première comparution de l'inculpé, les prescriptions de la loi du 8 décembre 1897. D'ailleurs, l'article de cette loi qui détermine ces modalités, l'article 3, marque bien l'étendue de sa portée par la généralité même de ses termes : au lieu de viser spécialement le juge d'instruction, elle met, invariablement, en cause d'une façon vague évidemment intentionnelle « le magistrat », le magistrat instructeur (1).

26. — La jurisprudence s'est cependant prononcée en sens contraire dans un arrêt de cassation du 12 mars 1898, dont voici les motifs :

« La Cour ; — Sur le moyen pris de la violation de l'article 3 de la loi du 8 décembre 1897, en ce que l'arrêt attaqué aurait à tort ordonné la jonction, aux pièces de l'instruction ouverte contre le demandeur, de l'interrogatoire auquel le Procureur de la République a procédé sans avoir averti l'inculpé qu'il était libre de ne pas faire de déclarations... :

« Attendu, en droit, qu'ainsi que son titre l'indique, la loi du 8 décembre 1897 a pour objet de modifier certaines règles de l'instruction préalable en matière de crimes et délits — que par instruction préalable on doit entendre l'information à laquelle procède le juge d'instruction — que l'examen des divers articles dont cette loi se compose révèle qu'elle n'a eu en vue que les attributions et les opérations du juge d'instruction et qu'au-

(1) André, *Régime modifié de l'instruction judiciaire*, p. 47.

cune de ces dispositions ne vise les constatations ou actes d'information auxquels le Procureur de la République est appelé à procéder en sa qualité d'officier de police judiciaire ;

« Attendu que par dérogation aux dispositions du Code d'instruction criminelle, la loi de 1897 interdit d'interroger un inculpé en l'absence de son conseil — qu'elle impose l'obligation de convoquer ce conseil au moins 24 heures avant tout interrogatoire et de tenir à sa disposition les pièces de l'information la veille de chacun des interrogatoires ; — que ces prescriptions sont, à raison des délais que leur observation exige, incompatibles avec la procédure rapide qu'a organisée la loi du 20 mai 1863 sur les flagrants délits ; qu'elles sont non moins inconciliables avec le caractère d'urgence que présentent les actes auxquels le Procureur de la République et ses auxiliaires sont autorisés à procéder dans les cas prévus par les articles 32 et 46 du Code d'instruction criminelle ;

« Attendu, au surplus, que la volonté du législateur de laisser en dehors des règles tracées par la loi de 1897 la procédure suivie en matière de flagrants délits, ressort des dispositions mêmes de l'article 7 de cette loi, suivant lesquelles le juge d'instruction peut, nonobstant les termes de l'article 3, procéder à un interrogatoire immédiat et à des confrontations lorsqu'il s'est transporté sur les lieux en cas de flagrant délit — qu'il suit de là que, dans l'espèce, en interrogeant l'inculpé conduit devant lui en cas de flagrant délit, sans l'avertir qu'il était libre de ne pas faire de déclarations et sans lui donner avis de son droit d'avoir un conseil, le Procureur de la République a légalement procédé (1). »

Cet arrêt qui, à notre avis, viole l'esprit et la lettre de la loi, s'appuie d'ailleurs sur de mauvaises raisons :

D'abord, il nous paraît inexact de dire que la loi n'a en vue que les opérations faites par un juge d'instruction : rien, dans son texte, n'autorise à l'affirmer. Que le mot *instruction préalable* écarte les suppléments d'information ordonnés par les juridictions de jugement, c'est ce que nous étudierons en temps et lieu (2) ; mais il est bien certain que nous sommes là dans l'instruction préalable proprement dite. D'ailleurs, comme le fait remarquer M. André (3), la loi dit : le *magistrat* et ne précise pas s'il s'agit du juge d'instruction ou du Procureur de la République. Enfin, il est bien certain que ce dernier a, dans le cas de flagrant délit, presque toutes les attributions du juge d'instruction ; comment admettre qu'ayant les mêmes pouvoirs il n'ait pas les mêmes obligations ? Comment ! la loi donne, au cas de flagrant délit, des pouvoirs considérables au Procureur de la République puisqu'il est à la fois juge et partie et, précisément, elle supprimerait là la garantie suprême de l'accusé ! C'est ce que la raison ne peut admettre.

Dans la suite de son arrêt, la Cour constate que les

(1) Cass., 12 mars 1898, *Pandectes françaises*, 98.1.401.
(2) Voy. *infrà*, n°s 160 et suivants.
(3) Voy. *suprà*, n° 25.

délais nécessaires à la convocation du défenseur et à la communication du dossier sont incompatibles avec la rapidité de la procédure des flagrants délits. Cette constatation n'a qu'un défaut : c'est qu'elle est tout à fait en dehors de la question. On saisit la Cour d'une violation de l'article 3 et elle répond par l'article 9 dont il n'est pas question ! Si nous restons dans les moyens invoqués par le pourvoi, nous remarquons facilement que l'avertissement prescrit par l'article 3 n'est pas incompatible avec la rapidité de la procédure de flagrants délits et l'on ne voit pas bien alors où la Cour veut en venir.

Plus loin, elle invoque l'article 7 qui, en cas de flagrant délit, autorise le juge d'instruction à interroger de suite le prévenu sans l'avertir qu'il a le droit de choisir un défenseur et sans lui en faire désigner un d'office. Mais au point de vue de l'avertissement qu'il peut ne pas répondre, il faut remarquer que l'article 7 ne le dispense pas de le faire et que *interrogatoire immédiat* veut dire un interrogatoire non différé par le temps nécessaire à choisir un défenseur ou s'en faire désigner un. En un mot, dans ce cas, il doit constater l'identité de l'inculpé, l'avertir qu'il peut ne pas faire de déclarations et l'interroger *immédiatement* sans qu'il soit question de défenseur. Voilà, à notre sens, toute la portée de l'article 7 : c'est donc à tort que la Cour s'appuie sur lui par analogie.

Enfin, la Cour aurait dû remarquer qu'aux termes de l'article 5 et dans le cas dont il s'occupe (inculpé arrêté hors de l'arrondissement où a été délivré le mandat), le

Procureur de la République est tenu à l'avertissement relatif au droit de garder le silence et qu'il est obligé de le mentionner au procès-verbal. Eh bien là, on peut dire que, de même qu'en matière de flagrant délit, il a momentanément une partie des attributions du juge d'instruction, que ces deux cas doivent être assimilés et que, dans l'un et dans l'autre, les mêmes obligations lui sont imposées.

Donc, malgré la jurisprudence, nous persistons à penser qu'en cas de flagrant délit, le juge d'instruction et le Procureur de la République sont, l'un comme l'autre, tenus, avant de recevoir les déclarations de l'inculpé, de l'avertir qu'il peut ne pas en faire (1) ; d'autant plus que l'opinion contraire, qui arriverait d'ailleurs à des moyens faciles de tourner la loi (2), ne se justifierait par aucune nécessité pratique, puisque cette formalité qui peut s'exercer sans aucun délai ne serait pas de nature à retarder ou à entraver le cours de la justice.

C. — Violation de l'article IX, § 2.

27. — « *L'inculpé détenu ou libre*, dit le paragraphe 2 de l'article 9, *ne peut être interrogé ou confronté, à moins qu'il n'y renonce expressément, qu'en présence de son conseil ou lui dûment appelé.* »

Ce paragraphe est le point capital de la loi : c'est là que réside la grande modification apportée au Code d'ins-

(1) *Contrà* : Dagallier et Bazenet, *op. cit.*, p. 103.
(2) Denisse, *Pand. franç.*, 98.1.401 ; note sous l'arrêt susvisé.

truction criminelle ; à l'instruction secrète succède l'instruction ouverte ; l'introduction d'un tiers, le défenseur, dans le cabinet du juge, apporte une intervention profitable à l'œuvre de la justice (1). Aussi, lors de la confection de la loi, l'adoption de cet article n'alla-t-elle pas toute seule et vit-elle s'élever des adversaires résolus. La Cour de cassation s'était d'ailleurs nettement prononcée contre la réforme, au rapport de M. Falcimaigne. M. Dauphin, ancien rapporteur du projet de 1882 et ancien Procureur général ; M. Darlan, Garde des Sceaux et M. le sénateur Guérin s'élevèrent contre la présence de l'avocat à l'instruction. Mais M. Monis et le rapporteur M. Jean Dupuy réussirent à rallier des suffrages, M. Trarieux finit par se laisser convaincre et enfin, sur un discours spirituel et énergique de M. Constans, la proposition fut adoptée par le Sénat à la forte majorité de 149 voix contre 96.

Le rôle de l'avocat est bien nettement établi par l'examen des travaux préparatoires ; lui donner une part active dans l'instruction eût été une réforme excessive qui eût entraîné de graves inconvénients ; aussi lui a-t-on accordé seulement un rôle presque muet : il n'est qu'un témoin de ce qui se passe, il ne peut prendre la parole sans l'autorisation du juge ; mais sa présence réconforte l'accusé, assure la régularité de l'instruction et couvre la responsabilité du magistrat : elle est donc favorable à tous les points de vue. M. Léveillé, professeur à la Faculté

(1) Guillot, *Les principes du nouveau Code d'instruction criminelle*, p. 22.

de Droit, déclarait en 1882 : « Je reconnais que l'instruction judiciaire ne doit être en rien contrariée par la présence, par l'intervention indiscrète du défenseur. Le magistrat doit demeurer maître de l'affaire...Aussi, je ne demande pas que le défenseur prenne la parole et croise le fer avec le ministère public. J'accepte très bien qu'il reste un témoin muet des scènes qui se déroulent devant lui ; je lui ferme la bouche, mais je ne lui ferme ni les yeux ni les oreilles ; je veux qu'il voie tout ; je veux qu'il entende tout..... je veux faire de l'avocat, en d'autres ter-termes, un témoin essentiel, un témoin instrumentaire des opérations de l'instruction préparatoire..... je me contente de placer dans le coin le plus obscur du cabinet du juge, éloigné des témoins et de l'inculpé, puisque vous vous défiez d'un contact ou d'un coup d'œil, cet homme modeste, qui connaît ses devoirs, qui ne parle pas, qui écrit peu ; mais qui écoute et qui regarde..... La défense revêtira désormais deux formes distinctes et successives, le contrôle d'abord, la plaidoirie ensuite..... le contrôle est l'antidote nécessaire de cet autre mal nécessaire qui s'appelle le pouvoir discrétionnaire, le pouvoir illimité des magistrats instructeurs (1). »

Il ne faut pas se dissimuler que l'observation exacte et rigoureuse de l'article 9 § 2 se heurterait à des difficultés d'application : il est certain qu'il y a impossibilité

(1) Léveillé, *De la Réforme du Code d'instruction criminelle*, 1882, p. 14 et 15 ; Voir à ce sujet, *Pand. franç.*, 1898, 1er cahier : Les discours de rentrée en 1897, par J. M., Discours de M. Salvan, substitut du Procureur général à Agen, p. 11.

matérielle à ce qu'un avocat chargé de nombreuses affaires puisse assister à tous les interrogatoires des inculpés qu'il a à défendre. Aussi l'article contient-il la restriction que si l'avocat est non présent mais dûment appelé, le magistrat pourra passer outre à l'interrogatoire.

28. — L'interrogatoire étant plus fait, en principe, pour que l'accusé puisse se disculper que pour en obtenir des preuves contre lui, il était logique que le défenseur y assistât. Mais, lorsqu'après l'audition d'un témoin, il y a lieu d'appeler l'inculpé pour le mettre en présence de ce témoin, pour mettre en regard les déclarations discordantes de l'un et de l'autre, la présence du défenseur semble plus nécessaire encore. En effet, c'est au moment où l'inculpé voit ses déclarations contredites, souvent avec beaucoup d'énergie, qu'il a besoin d'être soutenu et, de plus, c'est dans les confrontations qu'il est opportun, généralement, de poser des questions utiles à la défense que l'accusé, avec son inexpérience de parole, ne saurait formuler lui-même ou dont son trouble ne lui permettrait pas d'apprécier l'utilité.

Le juge a toujours plus de confiance (et l'on ne saurait l'en blâmer) en la parole d'un témoin qui a prêté serment et n'a, en principe, aucun intérêt à faire de fausses déclarations, qu'en celle de l'inculpé qui a peut-être été condamné déjà et a un intérêt majeur à affirmer telles et telles choses. Il pouvait donc arriver (et cela a dû se présenter), avant la loi nouvelle, que le juge refusât de poser au témoin une question qu'il considérait comme oiseuse ou obstructive. Maintenant, il n'en peut plus être de même ; l'avocat pénétré de sa mission, connaît l'étendue de ses devoirs, il n'est pas un adversaire mais un auxiliaire de la justice : il ne posera que les questions véritablement utiles à la défense ou à la manifestation de la vérité ; le juge le sait et jamais il ne refusera de les transmettre au témoin.

Enfin, il est utile encore que le défenseur soit là pour tempérer le zèle souvent maladroit de l'inculpé qui n'a que trop de tendances à soulever des questions de détail encombrantes ou nuisibles qui, souvent, se retournent contre lui.

29. — *Droits du conseil.* — Néanmoins, la part donnée à l'avocat dans les interrogatoires et les confrontations est assez restreinte : il ne peut prendre la parole qu'avec l'autorisation du magistrat et, au cas de refus, mention de l'incident est faite au procès-verbal. En fait, il est extrêmement rare que le juge d'instruction refuse à l'avocat de poser une question ou de lui laisser présenter une observation, l'un et l'autre étant, la plupart du temps « bien pénétrés de cette idée qu'ils collaborent à une œuvre commune et que leurs efforts réunis doivent tendre à la manifestation rapide et éclatante de la vérité » (1). Mais le juge peut refuser la parole à l'avocat sans donner de motifs et la Cour de Douai a même décidé que s'il rend une ordonnance motivée à ce sujet, il

(1) Circulaire ministérielle du 10 décembre 1897.

y a lieu de l'annuler (1). Elle a été, croyons-nous, un peu loin (2).

Quant à la sanction du refus qui est la mention de l'incident dans le procès-verbal, elle n'a pas paru suffisante à tout le monde : « Voilà une belle garantie ! » s'écriait M. Dauphin au Sénat (3). Peut-être y aurait-il eu lieu d'obliger le magistrat à rendre une ordonnance et de permettre au conseil d'y faire opposition. Mais le législateur ne l'a pas fait et nous n'avons pas à le réformer. D'ailleurs, cette réforme ne paraît guère urgente car l'avocat saura toujours tirer parti de l'incident, surtout devant la Cour d'assises (4).

« L'avocat, déclare M. Olier, n'est donc pas un spectateur muet et impassible, à la façon du garde municipal et du gendarme ; il exerce un contrôle, une surveillance. Non seulement il a le droit de prendre des notes, mais encore il a le droit de parler. Seulement, pour éviter que, par de continuelles interventions, il puisse enlever aux réponses de son client, des autres inculpés ou des témoins confrontés la spontanéité qui est la meilleure garantie de la sincérité, la loi exige qu'il demande la parole au juge (5). » On ne peut plus clairement expliquer et résumer toute cette question.

(1) Douai, 20 décembre 1897 ; *Journ. des Parq.*, 98.2.28, D. 98.2.16.
(2) En notre sens : Le Poittevin, *Lois Nouvelles*, 99.4.8.
(3) Sénat, *Déb. parlem.*, p. 859-860.
(4) Olier, *op. cit.*, p. 79.
(5) Olier, *op. cit.*, p. 77.

ACTES AUTRES QUE LES INTERROGATOIRES OU LES CONFRONTATIONS.

30. — Le défenseur peut donc assister aux interrogatoires et aux confrontations ; mais strictement son droit s'arrête là. En ce qui concerne les dépositions des témoins, la loi de 1897 n'a pas changé les dispositions du Code d'instruction criminelle : elles restent donc secrètes : nous avons déjà indiqué ce que nous en pensons et combien, selon nous, une réforme sur ce point serait urgente.

Mais il existe, en outre, toute une série d'actes d'instruction qui semblent constituer des sortes d'interrogatoires, sans être cependant des interrogatoires proprement dits et pour lesquels on peut se demander si la présence du défenseur est possible ou non : ce sont, par exemple, les *constats*, les *descentes sur les lieux*, les *perquisitions*, les *expertises*. Il nous semble bien que le défenseur doit pouvoir y assister toutes les fois que l'inculpé y prendra part avec le juge d'instruction et sera, par conséquent, exposé à être interrogé.

Perquisitions. — C'est ainsi qu'aux termes des articles 87, 89, 39 du Code d'instruction criminelle, une perquisition doit être faite en présence du prévenu et qu'aux termes de l'article 35, l'inculpé sera interpellé de s'expliquer sur les choses qui lui seront représentées. N'y a-t-il pas là un véritable interrogatoire ? La présence du conseil n'est-elle pas aussi nécessaire là que dans le cabinet du juge d'instruction ?

Descentes sur les lieux. — Constats. — Lorsqu'il y aura descente sur les lieux ou constat opérés par le juge seul, il n'y aura pas lieu, pour l'avocat, de suivre le magistrat dans ses opérations ; mais si le juge agit en présence de l'inculpé, alors nous estimons que l'avocat doit pouvoir suivre son client. C'est d'ailleurs ce qui a lieu en matière de confrontation à la Morgue : il y a plutôt là des constatations matérielles qu'un véritable interrogatoire et cependant, l'avocat y est toujours convoqué. La nécessité de sa présence était d'ailleurs évidente : jamais l'inculpé n'a plus besoin d'être soutenu moralement que dans l'exercice de ce reste de l'ancienne question, torture plus grave peut-être que la torture physique et qu'il est urgent de voir disparaître de notre civilisation.

Nous pensons donc que, même pour les actes d'instruction faits en dehors du cabinet, le conseil a le droit d'assister son client toutes les fois qu'une question quelconque peut lui être posée par le magistrat (1).

31. — *Expertises.* — En ce qui concerne les expertises, nous croyons devoir adopter la solution contraire. En principe, l'expert doit se borner à faire des constatations matérielles et à donner son appréciation : s'il se renseigne auprès de l'inculpé, ce n'est que pour s'éclairer, se mettre au courant de la question, souvent complexe qu'il a à élucider ; il ne dresse pas procès-verbal

(1) En ce sens, Milhaud et Monteux, *op. cit.*, n° 120 ; p. 181 ; *Contrà* : Olier, *op. cit.*, p. 80 ; G. Le Poittevin, *Lois Nouvelles*, 99.4.10.

des déclarations qu'il reçoit : le défenseur n'a donc pas à l'assister (1).

Nous ne donnons cette opinion que comme appréciation juridique ; cela ne veut pas dire que nous ne souhaiterions pas autre chose (2). Car, en fait, les experts sont trop souvent portés à méconnaître leurs devoirs et à se donner un peu trop des allures de juges d'instruction. C'est ainsi que beaucoup d'experts-médecins dans les affaires passionnelles, d'experts-comptables dans les affaires de faux ou détournements, commencent toujours par demander à l'inculpé de leur faire un mémoire sur l'affaire et qu'ils n'hésitent pas à reproduire dans leurs rapports, en les commentant, les déclarations de leur trop confiant client. Et c'est ainsi que, dans ces affaires où l'expert n'a qu'à se prononcer sur le chiffre d'un détournement ou la gravité d'une blessure, il arrive assez fréquemment qu'il donne au tribunal ou au jury son appréciation sur le plus ou moins grand degré de culpabilité de l'accusé.

Ces abus pourraient, d'ailleurs, être facilement réprimés par les présidents d'assises ; mais en admettant qu'ils le fussent et que la totalité et non pas seulement la grande majorité des experts fût pénétrée de ses devoirs, il y aurait encore un intérêt considérable à ce que l'inculpé fût assisté de son avocat : car les parties civiles se font souvent assister de mandataires, d'agents d'affaires,

(1) En ce sens, Brégeault et Albanel, *Lois Nouvelles*, 98.1.77.
(2) Voir Guillot, *op. cit.*, ch. X, p. 206 et suiv.

devant lesquels la défense reste désarmée. Législativement, il nous semble donc qu'il y aurait lieu d'ouvrir à l'avocat le cabinet de l'expert, lorsque son client y est convoqué.

32. — Il y a une objection : c'est que les règles professionnelles de l'avocat ne lui permettent pas d'assister à une expertise (1) ni à certains autres actes, fussent-ils faits par le juge d'instruction. Mais ces règles professionnelles ont été faites pour la situation ancienne : qu'on les change, qu'on les mette au diapason de la loi nouvelle. Nous devons reconnaître que les barreaux ne s'y prêtent pas facilement ; mais il viendra bien un moment où l'utilité de ces réformes, d'ailleurs peu considérables, sera admise par tous.

Commission rogatoire.

33. — Lorsqu'un juge d'instruction, dirigeant une information, donne commission rogatoire à celui de ses collègues de l'arrondissement habité par l'inculpé à l'effet de l'entendre, il est bien certain que les formes de la loi nouvelle doivent être observées et qu'en particulier, le juge qui procède à l'interrogatoire doit convoquer le conseil de l'inculpé.

Mais la question est plus délicate si la commission rogatoire a été donnée à un autre officier de police judiciaire tel qu'un juge de paix ou un commissaire de police.

(1) Cresson, *Abrégé des usages et règles de la profession d'avocat*, p. 199.

Il semble, au premier abord, que la loi nouvelle n'ait envisagé les droits de l'inculpé que vis-à-vis du juge d'instruction lui-même ; mais nous pensons qu'il n'y a là qu'une apparence. L'interrogatoire fait par un officier de police judiciaire n'est, après tout, qu'un acte du juge d'instruction fait par mandataire. Il ne faut pas confondre, en effet, la situation de l'officier de police judiciaire dans cette hypothèse avec celle dans laquelle il se trouve lorsqu'il dirige une enquête officieuse sur l'ordre du Procureur de la République : dans ce dernier cas, il ne fait pas une instruction, il la prépare, il recherche les éléments sur lesquels on pourra baser une inculpation, les réponses de l'individu interrogé resteront à titre de renseignements et il n'y aura pas lieu, dans ce cas, d'exiger la convocation de l'avocat (sauf cependant à modifier les formes mauvaises de l'enquête officieuse) (1).

Mais lorsque l'officier de police judiciaire sera le délégué du juge d'instruction, qu'il opérera pour son compte, comment pourrait-on admettre que le mandataire eût plus de droits que le mandant ? Le juge d'instruction, obligé de convoquer le défenseur, conférerait à son délégué plus de pouvoirs qu'il n'en a lui-même ! Ce serait absurde et on ne peut sérieusement soutenir une semblable opinion (2).

D'ailleurs, ce serait un moyen bien facile de tourner la loi et il suffirait, pour éviter la présence de l'avocat,

(1) Voy. *suprà*, n° 7.

(2) En ce sens, Milhaud et Monteux, *op. cit.*, p. 177.

de faire faire les interrogatoires par un commissaire aux délégations judiciaires : « Ce serait dire, déclare M. le professeur Le Poittevin, que le juge d'instruction peut éluder la loi par mandataire (1). »

Les règlements professionnels des avocats leur refusent, il est vrai, le droit d'assister aux actes judiciaires des commissaires de police ; mais ces règles, parfaitement fondées d'ailleurs, ont été établies anciennement : il faut donc, non les abroger, mais les modifier dans le sens de la réforme.

MM. Brégeault et Albanel (2) pensent que, comme on ne peut obliger les avocats à assister leurs clients ailleurs que dans le cabinet du juge d'instruction, on est forcément amené à décider qu'à l'avenir, le magistrat instructeur ne pourra ordonner, par voie de commission rogatoire de ce genre, que des auditions de témoins ou des constatations sans confrontation avec l'inculpé. Il nous semble au contraire que cette restriction ne doit pas être admise et qu'un officier de police judiciaire délégué peut interroger et confronter ; mais à charge de convoquer le défenseur. Pour nous, qui n'avons pas à étudier ici les devoirs professionnels de l'avocat, nous pensons que les commissaires de police n'ont pas à s'en préoccuper ; ils n'ont pas à rechercher si les avocats se rendront ou non à leur appel : ils doivent, pour remplir tous leurs devoirs,

(1) Société des prisons, *Revue pénitentiaire*, 1898, p. 1221.
(2) Brégeault et Albanel, *Lois Nouvelles*, 98.1.77.

les convoquer ; sauf à ceux-ci à faire ce que leur ordonnent les règlements et les conseils de discipline (1).

Commission rogatoire d'un tribunal étranger ou donnée a un juge étranger.

34. — Dans l'hypothèse d'une commission rogatoire donnée à un juge français par un tribunal étranger, ce magistrat, étant le délégué du tribunal étranger,aura-t-il autant de droits que lui et n'aura-t-il pas à se conformer à la loi du 8 décembre 1897 ? « Le juge, dit M. Paul Jolly, juge d'instruction au Tribunal de la Seine, n'a qu'à accomplir son mandat sans se préoccuper de la nouvelle loi. Il pourrait se refuser à interroger l'inculpé, rien ne l'y oblige, c'est une question de bons rapports internationaux et de diplomatie judiciaire, mais cet interrogatoire n'est que le prolongement à Paris par la voie diplomatique de l'instruction qui se passe à l'étranger. La loi française n'est donc pas applicable. Et, en effet, quelle serait la sanction ? La nullité de l'acte. Mais quel tribunal aurait qualité pour prononcer cette nullité ? Le tribunal étranger ? La question est donc résolue (2). »

Nous ne pensons pas de même ; les lois de procédure sont territoriales : nous ne pouvons songer à appliquer ni la loi étrangère ni une loi abrogée. Il faut donc nous conformer à la loi en vigueur en France (3) ; d'autant

(1) En ce sens, Milhaud et Monteux, *op. cit.*, p. 178, note.

(2) En ce sens : Milhaud et Monteux, *op. cit.*, p. 178 ; Brégeault et Albanel, *Lois Nouvelles*, 98.1.78.

(3) En ce sens : A. Le Poittevin, *Revue pénit.*, 1898, p. 1225.

plus que le juge français n'a pas à se préoccuper de rechercher quelle sera la juridiction compétente pour apprécier ses actes : il doit respecter la loi, c'est là sa seule obligation.

Lorsqu'au contraire un inculpé français est interrogé à l'étranger, en Belgique par exemple, pays soumis au Code d'instruction criminelle de 1808, quelle devra être la façon de procéder du juge belge ? Devra-t-il se conformer à la loi du 8 décembre 1897 ?

D'une part, en raison du principe que les lois de procédure sont territoriales, il est impossible qu'il se conforme à une loi qui n'est en vigueur qu'en France, sous peine de violer celle à laquelle il est soumis.

D'autre part, lorsque son procès-verbal, fait en la forme ancienne, reviendra en France et sera introduit au dossier, il sera sans aucune valeur et, bien plus, entraînera la nullité de tout ce qui pourrait être fait ultérieurement.

La seule solution possible sera donc de n'attribuer désormais à ces commissions rogatoires que la valeur de simples renseignements, dans le genre de ceux fournis par les rapports de police et qui ne devraient pas être annexés à la procédure écrite, mais serviraient seulement à l'édification du magistrat instructeur.

Cas ou l'interrogatoire est valable malgré l'absence du défenseur.

35. — *Article* 7. — L'inculpé peut être valablement interrogé en l'absence de son défenseur dans les cas prévus par l'article 7 de la loi : *Si l'urgence résulte, soit de l'état d'un témoin en danger de mort, soit de l'existence d'indices sur le point de disparaître ou encore si le juge s'est transporté sur les lieux en cas de flagrant délit.* Nous pensons que, malgré la place qu'occupe cet article, il s'applique à tous les moments de l'instruction et non pas seulement à celui de la première comparution (1).

36. — *Renonciation expresse.* — «... *A moins qu'il n'y renonce expressément...* » dit l'article 9 § 2. L'inculpé a un suprême intérêt à diriger sa défense comme il l'entend : il était juste de lui permettre de renoncer au bénéfice de l'article 9, s'il le jugeait convenable. Le Sénat avait, en première délibération, exigé la présence de l'avocat pour la validité de tout interrogatoire ou de toute confrontation ; c'est M. Trarieux qui, en deuxième délibération, fit revenir le Sénat sur son opinion première (2). Et il eut raison, à notre avis, car il arrive souvent, en fait, que l'avocat ne peut se rendre à la convocation, soit parce qu'il est appelé à la même heure à une autre instruction, soit parce qu'il est retenu à une audience. Si l'inculpé ne pouvait pas renoncer à sa présence, qu'arriverait-il ? Le juge d'instruction ne pourrait procéder à l'interrogatoire et serait obligé de le remettre à une date ultérieure, peut-être éloignée en raison du grand nombre des affaires. Il en résulterait que la longueur de la pré-

(1) En ce sens : Olier, *op. cit.*, p. 79.

(2) Sénat. Séance du 10 juin 1897. *Déb. parl.*, pp. 959 col. 1 et 961 col. 2.

vention s'accroîtrait dans des proportions fort préjudiciables aux inculpés. N'était-il pas juste alors de les laisser juges de la situation et de leur permettre de choisir la solution la plus conforme à leurs intérêts ?

D'ailleurs, il faut bien reconnaître que la présence du défenseur n'est réellement nécessaire que dans un nombre d'affaires assez restreint : fort heureusement, il n'y a pas à l'instruction que des affaires graves et il y a nombre d'inculpations dans lesquelles la présence de l'avocat n'est pas d'une grande utilité : aussi, en pratique, beaucoup d'inculpés renoncent-ils à la présence de leur défenseur (1). Mais il serait exagéré d'en conclure que la prescription de la loi est inutile car il reste beaucoup d'affaires dans lesquelles la présence du défenseur est indispensable et, d'ailleurs, n'usât-il que rarement de son droit, il est bon qu'il ait la faculté de l'exercer.

En tous cas, la renonciation de l'inculpé ne produit effet que pour l'interrogatoire au début duquel elle est faite : il est bien certain qu'elle ne dispensera pas le juge de convoquer le défenseur pour un interrogatoire ultérieur : « Attendu, dit la Cour de Caen le 27 décembre 1897 (2), que la renonciation expresse, passée le 22 décembre 1897, par l'inculpé Simon, à ce que son conseil fût présent à l'interrogatoire qu'il a subi ledit jour, s'appliquait à cet acte seul et ne pouvait être étendu à aucun acte de procédure... »

(1) Voy. Séance de la Société des prisons, *Revue pénit.*, 1898, p. 1187.

(2) Caen, 28 décembre 1897, *Lois Nouvelles*, 98.4.46 ; *Journ. Parq.*, 98.2.7, D. 98.2.33.

Il en serait autrement, pensons-nous, si l'inculpé avait déclaré renoncer *définitivement* et jusqu'à nouvel ordre à la présence de son avocat, puisqu'il a la faculté de ne pas choisir de défenseur et qu'au surplus les prescriptions de la loi réglant cette question ne sont pas d'ordre public (1).

37. — *Avocat dûment appelé.* — Il peut être procédé valablement à l'interrogatoire si l'avocat ne se présente pas malgré qu'il ait été dûment appelé (art. 9 § 2 *in fine*). En effet, le but eût été dépassé si on l'avait astreint à se présenter à tout interrogatoire, même dans les cas où il sait que sa présence n'est pas nécessaire. « L'avocat, disait M. Jean Dupuy, rapporteur de la loi, n'est pas tenu d'aller à l'instruction. Il y viendra lorsqu'il jugera sa présence utile et il trouvera le motif de cette démarche dans l'intérêt même qu'il porte à son client. » Une fois qu'il est prévenu, les droits de la défense sont pleinement sauvegardés.

Il peut arriver que l'avocat, jugeant sa présence utile à l'interrogatoire auquel il est convoqué, mais matériellement empêché d'y assister, demande une remise au juge d'instruction. Celui-ci devra-t-il faire droit à sa demande ? Nous le pensons, d'autant plus qu'il y aurait un moyen indirect d'arriver au même résultat : ce serait de faire refuser par l'inculpé de répondre aux questions posées et il nous semble qu'au point de vue des bonnes

(1) Voy. *infrà*, n° 86.

relations entre juges d'instruction et avocats (lesquelles ne sont point à négliger), cet échange rétorsif de mauvais procédés ne pourrait être que fâcheux. MM. G. Le Poittevin (1) et Olier (2) pensent qu'on ne doit accorder de remises que pour des motifs graves : mais, qui appréciera la gravité du motif ?

Il faut que l'avocat ait été *dûment appelé*. Pour cela, il faut, conformément à l'article 9 § 4, qu'il ait été convoqué par lettre missive au moins 24 heures à l'avance. Dans la pratique et conformément à la circulaire du Garde des Sceaux réglant les détails d'application de la loi, les juges d'instruction envoient des lettres recommandées. De plus, et pour que le conseil puisse exercer le droit que lui confère l'article 10 de prendre communication de la procédure la veille de l'interrogatoire, la lettre est envoyée 48 heures à l'avance. Lorsque ces formalités ont été remplies, le juge, si l'avocat ne se présente pas, passe outre à l'interrogatoire.

38. — Des travaux préparatoires de la loi et de l'insuccès de l'amendement proposé par M. Tillaye au Sénat, il semble bien résulter que l'avocat ne peut se faire remplacer par un confrère. La circulaire du Garde des Sceaux est en ce sens.

Mais s'il est inadmissible qu'un avocat puisse imposer à son client un autre défenseur que lui-même, doit-il en être de même lorsque l'inculpé consent au remplace-

(1) *Lois Nouvelles*, 99.4.7.
(2) *Op. cit.*, p. 77.

ment? Quelques juges d'instruction du tribunal de la Seine ont, au début, pris à la lettre le texte de la circulaire et n'admettaient pas, même avec l'acquiescement de l'inculpé, le remplacement d'un avocat par son secrétaire également avocat. L'opinion de M. Paul Jolly, en particulier, était en ce sens. Nous pensons qu'il faisait erreur, la circulaire s'adressant là, non aux juges d'instruction mais aux avocats : ceux-ci n'ont pas le droit de se faire remplacer contre la volonté de l'inculpé ; mais, si celui-ci y consent, le juge ne peut pas, croyons-nous, refuser de recevoir l'avocat remplaçant à l'interrogatoire.

D'ailleurs, il y avait un moyen de tourner cette prohibition si réellement elle existait. En effet, la circulaire dispose qu' « *il n'est pas obligatoire que le choix ou la désignation portent sur un conseil unique* ». Il était donc très facile à l'inculpé de choisir comme 2e, 3e et 4e défenseur chacun des divers secrétaires d'un même avocat ; mais à quelles conséquences aboutissait-on ? Fallait-il tous les convoquer ? Fallait-il signifier à tous les ordonnances ? On ne pouvait pratiquement admettre de complications semblables : aussi a-t-on coupé le mal dans la racine en admettant les avocats à se faire remplacer, du consentement de l'inculpé, bien entendu. C'est ce qui paraît désormais admis par tous les juges du Tribunal de la Seine et M. Paul Jolly semble être revenu sur son opinion première.

D. — Violation de l'article 10.

39. — L'article 10 contient deux dispositions distinctes, prescrites toutes deux à peine de nullité : 1° Obligation de mettre la procédure à la disposition du conseil la veille de chaque interrogatoire ; 2° Obligation de lui donner connaissance immédiate de toute ordonnance.

I. — Droit d'avoir communication de la procédure.

40. — *A qui doit-elle être faite ?* — Aux termes de la loi, c'est le conseil qui a droit à cette communication. Mais, dans le cas où l'inculpé n'aurait point voulu accepter de défenseur, la communication devrait-elle être faite à lui personnellement ? Pratiquement, la chose nous semble impossible : le dossier d'une affaire criminelle ne doit passer qu'entre les mains de gens sûrs, dont l'honorabilité soit indiscutable, et mettre le dossier à la disposition de celui contre lequel il est édifié pourrait avoir des inconvénients graves, tels que la lacération ou même la suppression de pièces importantes (1). Qu'on ne vienne pas objecter qu'il suffira de prendre des précautions : il n'y a pas, pratiquement, de précautions qui puissent parer aux inconvénients que nous signalons, à moins que l'inculpé ne prenne communication avec pieds et poings liés. Quant à faire lire les dossiers par les greffiers, c'est

(1) *Contrà* : Milhaud et Monteux, *op. cit.*, p. 217. — En notre sens : Conclusions de la 2e section de la Société des prisons : *Revue pénit.*, 1898, p. 1226.

un moyen peu pratique, qui entraînerait des pertes de temps et un surcroît de travail considérable pour ces fonctionnaires déjà suffisamment occupés.

D'ailleurs, il ne faut pas que l'inculpé se plaigne de subir un interrogatoire dans l'ignorance des faits articulés contre lui : il pouvait choisir un défenseur ou s'en faire désigner un et, s'il ne l'a pas fait, il le peut toujours. S'il persiste à y renoncer, c'est qu'il consent à ne pas se prévaloir des droits que lui confère la loi. Celle-ci lui accorde le droit de prendre connaissance du dossier par l'intermédiaire d'un avocat : s'il renonce à l'avocat, il renonce par cela même à la communication. En quoi donc pourrait-il se plaindre d'une situation qu'il a choisie lui-même ?

Enfin, la loi est formelle : elle confère le droit de communication au défenseur et au défenseur seul ; il n'y a donc pas à aller contre son texte. Elle a organisé la défense de l'inculpé : à celui-ci de choisir s'il veut en bénéficier ou non.

41. — *Où doit avoir lieu la communication ?* — Bien que la loi dise que le dossier doit être mis *à la disposition* du conseil, cela ne veut pas dire que celui-ci puisse l'emporter chez lui pour le consulter. Les pièces d'une procédure sont trop importantes pour pouvoir être déplacées, et par conséquent exposées à être perdues ou détériorées. Le défenseur doit donc venir en prendre communication. — Mais dans quel local ? La circulaire ministérielle du 10 décembre 1897 n'admet la communication au greffe que quand il est impossible de faire autrement et cela, pour les mêmes raisons que nous venons d'indiquer « les pièces ainsi déplacées avant tout inventaire et passant ensuite de main en main, pourraient s'égarer ou être divulguées, sans qu'il fût possible de fixer les responsabilités » (1). Aussi, prescrit-elle que la communication doit avoir lieu dans le cabinet même du juge d'instruction, ou dans un local attenant.

42. — *La communication est-elle nécessaire ?* — Il n'est pas nécessaire que le conseil prenne, en fait, communication de la procédure : il suffit qu'elle ait été mise à sa disposition dans le délai légal. Si donc le défenseur juge inutile de se déranger, l'interrogatoire pourra, le lendemain, avoir lieu valablement : il suffira au juge de mentionner en tête du procès-verbal de l'interrogatoire que la procédure a été mise la veille à la disposition du conseil et aucune nullité ne pourra être encourue de ce fait.

43. — *Délai.* — Le conseil doit pouvoir prendre communication la veille du jour où doit avoir lieu l'interrogatoire. Si la lettre missive lui arrive trop tard, il est en droit d'exiger la remise et, en cas de refus, de soulever la nullité.

Mais si cette règle ne présente aucune difficulté lorsqu'il s'agit d'un interrogatoire de fond auquel est présent l'inculpé seul, il n'en est pas de même lorsqu'il s'agit

(1) Circulaire ministérielle à *l'article* 10.

d'un interrogatoire en présence d'un témoin, en un mot, d'une *confrontation*.

CONFRONTATION.

Sur cette question, les systèmes sont divisés : on peut les ramener à trois principaux que nous allons apprécier successivement.

44. — 1er SYSTÈME. — *La mise à la disposition la veille n'est prescrite que pour les interrogatoires et non pour les confrontations.* — Ce système s'appuie d'abord sur un argument de texte. L'article 10 ne parle, en effet, que d'*interrogatoire* et non de *confrontation*, tandis que dans l'article 9 § 2, la loi faisait une différence entre les deux sortes d'actes (... *ne pourra être interrogé ou confronté*). Si donc elle les distingue dans l'article 9, c'est qu'elle les considère comme des actes différents et, dès lors, elle n'a dû vouloir parler dans l'article 10 que du premier de ces actes. — Mais on peut expliquer cette différence en ce que la présence de l'avocat à une confrontation constitue son admission à la déposition d'un témoin et, par conséquent, une dérogation aux principes. En effet, la confrontation a un double caractère : elle est pour l'inculpé un interrogatoire, pour le témoin une déposition : or, un principe domine la réforme, c'est que les dépositions des témoins restent secrètes : donc, pour admettre l'avocat à la confrontation, c'est-à-dire à la déposition du témoin confronté, il fallait une disposition spéciale et c'est pourquoi l'article 9 a fait une précision qui était inutile dans l'article 10.

Il y a un autre argument tiré des travaux préparatoires. Cette différence de rédaction, pensent les partisans du système que nous exposons, n'est que l'application de l'article 152 du projet de 1882 adopté par le Sénat et ainsi conçu : « Le juge d'instruction n'est pas tenu de communiquer la procédure au conseil avant les confrontations ; mais, si la communication n'a pas eu lieu, il ne peut interroger l'inculpé que sur les déclarations du témoin avec lequel il est confronté. » — Mais comment s'appuyer sur cet article qui a disparu, qui d'ailleurs a subi de nombreuses vicissitudes et n'a pas été accepté par la Chambre des députés ? Comme le dit fort justement M. G. Le Poittevin (1) « il n'y a pas lieu de s'occuper, en l'espèce, de projets successivement abandonnés, repris et modifiés... ». Sans quoi, étant donné l'incohérence avec laquelle les lois sont, la plupart du temps, élaborées, il serait possible aux tribunaux de faire dire à un texte législatif tout ce qu'ils voudraient.

La Cour d'appel de Paris s'appuie sur les arguments que nous venons de critiquer (2) : « Considérant que si, du texte de l'article 10 de la loi du 8 décembre 1897 et des travaux législatifs antérieurs, il paraît résulter que, au point de vue de la communication préalable de la procédure au défenseur, le législateur a entendu établir, conformément d'ailleurs à la réalité et aux nécessités prati-

(1) *Lois Nouvelles*, 99.4.25.

(2) Paris, Chambre des mises en accusation, 4 novembre 1898 ; *Lois Nouvelles*, 99.4.15.

ques, une différence entre les interrogatoires de l'inculpé et les confrontations du même inculpé avec les témoins, et si, du texte de l'article 10 précité, rapproché des autres articles, spécialement des articles 7 et 9 de la loi, il paraît ressortir que la communication préalable du dossier au défenseur n'est point prescrite aux cas où il ne s'agit que de confrontations... »

45. — 2. Système. — *La mise à la disposition est obligatoire la veille d'une confrontation comme celle d'un interrogatoire.*— La majorité des auteurs paraît s'être ralliée à cette opinion (1). En effet, il n'est pas possible que le législateur ait voulu établir une différence entre deux actes si semblables. La confrontation n'est qu'une sorte d'interrogatoire : elle ne comporte que la présence d'un témoin en plus ; mais, comme dans l'interrogatoire pur et simple, l'inculpé se voit poser par le magistrat des questions auxquelles il est obligé de répondre et dont il est dressé procès-verbal.

Cette opinion semble tellement évidente à M. Olier que dans le texte de la loi qu'il rapporte dans le corps de son ouvrage (2), il ajoute cette parenthèse : « ... *la veille des interrogatoires* (*ou de la confrontation*) *que l'inculpe doit subir.* »

D'ailleurs, il est logiquement inadmissible que l'inculpé soit appelé à s'expliquer sur des faits dont il n'a pu, préa-

(1) En ce sens : Cf. Le Poittevin, *Lois Nouvelles*, 99.4.23 ; Leloir, *Code d'instruction criminelle*, p. XLIV ; Olier, *op. cit.*, p. 81 ; Milhaud et Monteux, *op. cit.*, p. 221.

(2) Olier, *loc.cit.*

lablement, prendre connaissance par l'intermédiaire de son défenseur. Et c'est en suivant cette idée jusqu'au bout que nous considérons ce deuxième système comme insuffisant et que nous proposons, au contraire, le troisième système que nous allons maintenant exposer.

46. — 3e Système. — *La procédure doit être mise à la disposition du conseil la veille de la confrontation et elle doit contenir la déposition du témoin qui sera confronté.* — Un exemple est nécessaire pour éclairer cette règle : Un juge d'instruction met un dossier à la disposition du conseil de l'inculpé ; le lendemain il procède à l'audition d'un témoin et, aussitôt après, fait introduire l'inculpé pour le confronter avec le témoin : il lui donne connaissance au préalable de la déposition qui vient d'être faite et lui demande ce qu'il a à répondre : la loi est-elle respectée ?

Les partisans du 2e système pensent que oui. En effet, disent-ils, la loi prescrit la communication la veille de la confrontation : or, d'une part, il y a bien là une confrontation et, d'autre part, la communication a été faite la veille. C'est ainsi qu'en fait, agissent la plupart des juges d'instruction (1) ; mais nous pensons qu'ils n'ont pas raison de comprendre ainsi la prescription de la loi (2).

Nous estimons, au contraire, que la confrontation faite dans ces conditions doit être entachée de nullité, car l'avocat a eu, la veille, communication, non pas *de la*

(1) Voir Brégeault et Albanel, *Lois Nouvelles*, 98.1.109, formule XIV.
(2) En notre sens : Milhaud et Monteux, *op. cit.*, p. 222.

procédure mais *d'une partie de la procédure* : il y manquait en effet la déposition du témoin ; or, la loi a voulu que l'inculpé ne fût tenu de répondre que le lendemain du jour où son conseil aurait pu prendre connaissance du dossier : une confrontation immédiate ne remplit donc pas le vœu de la loi. Elle ne doit, à notre avis, avoir lieu que le lendemain de la déposition du témoin au plus tôt, quitte à faire revenir le témoin une seconde fois (1).

Ce système est critiqué à tort. M. Leloir lui reproche d'être une cause de lenteur pour l'instruction et de dérangements pour les témoins. M. G. Le Poittevin, opinant dans le même sens, arrive, en s'appuyant sur d'amusantes hypothèses, à prouver que l'inculpé ou le témoin seront morts avant que la confrontation ait pu être achevée. Il est certain que, pratiquement, notre manière de procéder amène des lenteurs ; mais il nous semble que, juridiquement, notre opinion est la vraie.

Et puis, les inconvénients sont-ils aussi considérables que le prétendent nos adversaires ? Certainement non ! Car, en réalité, c'est un droit dont on userait rarement, comme on use rarement d'ailleurs de la mise à la disposition la veille de l'interrogatoire. Nous croyons pouvoir affirmer que, dans la grande majorité des affaires, l'avocat ne prend communication du dossier que quelques minutes avant l'interrogatoire et que si la jurisprudence admettait notre manière de voir en ce qui concerne les confrontations, les inculpés renonceraient presque tou-

(1) En ce sens : M. le professeur A. Le Poittevin, *Revue pénitentiaire*, 1899, p. 151.

jours à leur droit. Mais il faut qu'ils aient ce droit afin de pouvoir l'exercer le jour où cela leur semblerait nécessaire.

47. — D'ailleurs nous ne faisons qu'appliquer les principes qui ont présidé à la confection de la loi : le législateur a voulu que l'inculpé pût s'expliquer en connaissance de cause et qu'il ait pu peser ses paroles avant de comparaître devant le juge : ce but est-il atteint lorsqu'aussitôt après une déposition et après une lecture rapide, souvent peu intelligible, du procès-verbal, l'inculpé est obligé de s'expliquer immédiatement, sans réflexion ? Et il faut voir comment cela se passe dans la pratique ! Les juges d'instruction, qui ont généralement de nombreuses affaires, n'ont pas le temps d'attendre que l'inculpé réfléchisse et pèse les conséquences de sa réponse et, après quelques exhortations de ce genre : « Eh bien ?... qu'est-ce que vous avez à dire ?.. » ponctuées de quelques secondes d'attente, ils font simplement écrire au greffier : « Réponse ; Je n'ai rien à dire. » Nous ne pensons pas que ce soit là ce qu'a voulu le législateur ; il n'y a rien de plus inattendu que la déposition d'un témoin, il est impossible de prévoir ce qu'il dira (souvent, il ne le sait pas lui-même), et il est inadmissible qu'on puisse être obligé de s'expliquer aussitôt après l'avoir entendu, *à brûle-pourpoint*, sans avoir au moins le temps de la réflexion.

« M. Leloir, déclarent MM. Milhaud et Monteux (1),

(1) *Op. cit.*, p. 223.

veut que l'avocat puisse avoir communication du dossier la veille de la confrontation et que, d'autre part, il laisse le juge confronter l'inculpé avec un témoin dont la déposition ne se trouve pas dans le dossier. Quelle peut être, dans ces conditions, l'utilité de la mise à la disposition de la procédure ? L'avocat est tenu au courant, par cette communication, de toutes les charges relevées contre son client, sauf une, et c'est sur la seule, qu'il ne connaît pas, que son client devra s'expliquer. » On ne peut démontrer plus clairement le manque de logique de nos adversaires.

48. — M. le juge G. Le Poittevin estime que nous dépassons le but du législateur en exigeant que la réponse de l'inculpé à chacune des questions qui lui sont posées puisse être préalablement pesée par le conseil et concertée entre lui et l'inculpé : « On ne cherche plus seulement à protéger l'innocent et à l'empêcher de compromettre sa cause ; on paraît vouloir protéger sciemment le coupable, en lui fournissant le moyen d'échapper aux investigations de l'instruction.... ce système aboutit à une identification presque complète entre l'inculpé et son conseil, qui prépare ses réponses et finira — à tort incontestablement — par assumer la responsabilité morale des mensonges accumulés pour échapper au châtiment et quelquefois même, des artifices et des fraudes savamment combinés pour faire peser des soupçons sur des innocents. » Nous croyons que M. Le Poittevin est trop pessimiste et qu'il voit à notre système des conséquences bien graves au point de vue de la dignité professionnelle de l'avocat. Qui donc rendrait jamais l avocat responsable ? Ce ne pourrait être que le juge d'instruction : or, cela, nous ne le craindrons jamais ; les magistrats connaissent trop l'esprit qui anime les barreaux pour en avoir un seul instant la pensée. D'ailleurs, ce n'est pas pour dicter les réponses à l'inculpé qu'il est utile que le défenseur puisse discuter avec lui de la déposition faite : c'est autant pour obtenir des renseignements que pour donner des conseils, c'est afin de rechercher mille choses diverses tendant à infirmer ou confirmer la déposition et dont il pourra se servir le lendemain, ou pour indiquer à son client une façon adroite de prendre le témoin en flagrant délit de mensonge sans éveiller à l'avance ses soupçons. — Il y aura toujours un point acquis et rassurant, c'est l'honorabilité et le respect du serment prêté qui caractérise l'esprit des barreaux, lesquels sont, au surplus, soumis à des règles professionnelles sévères et à une surveillance constante des conseils de discipline. S'il se rencontre, par hasard, un individu indigne de la confiance qu'inspire sa situation, il est généralement bien vite supprimé et ce n'est pas pour quelques exceptions, heureusement rares, qu'il faut rejeter notre principe.

Aussi, persistons-nous à penser que toute confrontation doit avoir été, la veille, précédée d'une communication du dossier au défenseur et qu'après une déposition de témoin, le conseil doit pouvoir en prendre communication de nouveau et jouir d'un délai de 24 heures pour en conférer avec son client avant que celui-ci ne soit confronté ; à moins, cependant, qu'il ne consente à renoncer à son droit. Nous croyons, en adoptant cette opinion, nous décider dans l'esprit de la loi et conformément à son texte.

II. — Droit d'avoir connaissance de toute ordonnance.

49. — Aux termes de l'article 10, § 2 : « *il doit être immédiatement donné connaissance au conseil de toute ordonnance du juge par l'intermédiaire du greffier.* »

Cette disposition soulève d'assez grandes difficultés. Si l'on considère combien le texte est formel, il semble bien que le législateur n'ait entendu faire aucune différence entre chacune des ordonnances que peut rendre un juge d'instruction ; mais tout acte du juge qui est susceptible d'une exécution est une ordonnance : doit-on en conclure que tous les actes du juge devront être portés à la connaissance du conseil ? La Cour de Lyon a paru, le 8 juin 1898 (1), admettre cette opinion ou, tout au moins, les termes de son arrêt pourraient le laisser supposer ; mais nous pensons avec M. Henri Boucard, juge d'instruction au Tribunal de la Seine, qu'elle n'a pu vouloir aller jusqu'à cette exagération. Il serait absurde, en effet, de faire signifier des actes de pure forme tels

(1) D. 98.2.489.

qu'un ordre d'extraction pour comparaître devant le juge !

50. — De plus, parmi les actes qui constituent réellement des décisions judiciaires, il n'est pas bien difficile d'en trouver dont la divulgation anticipée entraverait l'exercice de la justice. Soit, par exemple, une ordonnance prescrivant une perquisition ou un constat d'adultère. Si elle est portée à la connaissance du conseil, dans quelle situation va-t-il se trouver ? S'il fait connaître à son client le contenu de l'ordonnance, celui-ci aura le temps de prendre ses précautions pour échapper aux investigations de la justice et l'avocat sera le complice involontaire de l'inculpé. Si au contraire il garde le secret, il abuse, vis-à-vis de son client, de la confiance que celui-ci a placée en lui pour la sauvegarde de ses intérêts, en lui laissant ignorer une chose indispensable à sa défense. Pris ainsi entre sa dignité professionnelle et ses devoirs de défenseur, quelle sera son attitude ?... Et s'il prévient son client, c'est rendre l'exercice de la justice absolument impossible ; autant renoncer alors à faire des perquisitions ou des constats d'adultère !

La Chancellerie a prévu cette difficulté et d'après la circulaire du 10 décembre, ces ordonnances ne doivent pas être signifiées. Un arrêt de la Cour de Paris qui n'est qu'une paraphrase de la circulaire expose ainsi son interprétation (1) : « Considérant que sous peine d'arriver

(1) Paris, 3 janvier 1899 ; *Gaz. Palais*, 1899, 1er semestre, p. 167 (aff. des mines de Watana).

à des résultats manifestement contraires à la pensée du législateur et de rendre toute instruction impossible, on ne saurait admettre que la disposition de l'article 10 s'applique aux actes qui, bien que qualifiés dans la pratique d'ordonnances n'impliquent aucune décision et ne comportent aucune conséquence juridique, telles que les ordonnances de citation à témoins, celles par lesquelles un officier de police judiciaire est commis pour procéder à un acte que le juge d'instruction eût pu faire personnellement, ou même celles qu'il est de toute nécessité que le prévenu ne connaisse qu'après qu'elles ont reçu leur exécution, comme celle prescrivant un constat d'adultère, une perquisition ou une saisie, que l'expression *toute ordonnance* doit être prise dans un sens subjectif, comme s'appliquant uniquement aux ordonnances qui présentent un *caractère juridictionnel.* »

Mais une telle distinction a un grand inconvénient : c'est de n'avoir point été établie dans la loi et on peut véritablement se demander, en présence des travaux préparatoires, si le législateur a réellement voulu la faire. Il est certain que si on prend l'article à la lettre, on voit surgir de grandes difficultés pratiques, des pertes de temps, des dépenses, un surcroît de travail considérable pour les greffiers ; en même temps que des monceaux de papier inutilement noirci encombrent les cabinets des avocats... Il eût certainement mieux valu que le législateur dressât une liste des ordonnances qui devraient être signifiées ou (ce qui eût été encore préférable), des ordonnances dont la signification ne serait pas nécessaire. Il y aurait là une réforme urgente.

Mais, en attendant qu'elle soit faite, ce qui peut être très long, il faut essayer d'échapper aux inconvénients d'un texte brutal en cherchant à découvrir un *critérium* qui permette de distinguer quelles ordonnances doivent être signifiées ou ne doivent pas l'être.

51. — Le critérium donné par la circulaire et appliqué par l'arrêt susvisé ne nous paraît pas satisfaisant : sa distinction entre les *ordonnances juridictionnelles* et les *ordonnances non juridictionnelles* nous semble trop arbitraire et la Chancellerie elle-même ne paraît pas absolument bien convaincue de ce qu'elle décide.

En effet, il y a des ordonnances juridictionnelles dont la signification ne peut être d'aucun intérêt pour personne, comme, par exemple, celle rendue par le juge d'instruction pour prononcer une amende contre un témoin. — D'autres, au contraire, ne semblent pas présenter un caractère juridictionnel telles qu'une ordonnance de *soit communiqué* ou de *nomination d'expert* : peut-on soutenir que l'inculpé n'ait pas d'intérêt à les connaître ? La Chancellerie l'a tellement bien senti qu'elle n'hésite pas à attribuer à l'ordonnance de soit communiqué une nature juridictionnelle qu'elle n'a évidemment pas et à conseiller, quoiqu'elle n'aille pas jusqu'à leur reconnaître le même caractère, la signification des ordonnances de nomination d'expert, « pour entrer, dit la circulaire, dans les vues libérales du législateur ».

A notre avis, l'intention de la Chancellerie a été meilleure que sa rédaction : elle a eu raison, pensons-nous, de chercher un critérium ; mais elle l'a pris mauvais. A nous de le chercher autre part.

52. — Il faut écarter tout de suite celui qui consisterait à faire signifier les ordonnances contre lesquelles l'inculpé a un recours et à déclarer inutile la signification des autres. D'abord ce serait manifestement contraire au vœu du législateur. En effet, l'article 133 du projet de 1879 prescrivait la signification « *de toutes les ordonnances susceptibles de recours* ». La Commission remplaça cet article 151 par un article prescrivant « *de donner immédiatement connaissance de toute ordonnance du juge* ». — Ensuite, de nouvelles difficultés peuvent s'élever au sujet de savoir quelles ordonnances sont susceptibles de recours, la loi de 1897 ayant, suivant certains auteurs, modifié le Code d'instruction criminelle. Enfin, si l'inculpé n'a pas de recours légal, il peut avoir un recours officieux auprès du juge, par exemple en le priant de ne pas désigner comme expert tel individu qu'il sait lui être hostile *a priori* et il n'y a pas de juge d'instruction qui repousserait sa requête.

53. — Pour nous, le critérium consiste dans ceci : *L'inculpé a-t-il un intérêt proche ou éloigné à connaître l'ordonnance ? Elle doit lui être signifiée. Sinon, la signification est inutile* (1). On peut objecter qu'une pareille

(1) Voy. à ce sujet A. Le Poittevin, *Rev. pénit.*, 1899, p. 164.

distinction laisse place à l'arbitraire ; mais la distinction entre les ordonnances juridictionnelles et les non-juridictionnelles n'en laisse-t-elle pas autant? Et puis, en définitive, comme nous le verrons en étudiant de plus près certaines ordonnances, c'est en réalité cette distinction qu'a faite la jurisprudence et quand elle prescrit, par exemple, la signification d'une ordonnance de soit communiqué, ce n'est pas parce que cette ordonnance aurait un caractère juridictionnel, mais bien parce qu'elle y voit un intérêt considérable pour l'inculpé (1).

Il est certain d'ailleurs que, la plupart du temps, les ordonnances véritablement juridictionnelles sont précisément celles que l'inculpé a le plus d'intérêt à connaître telles que l'ordonnance statuant sur la compétence — celle par laquelle le juge d'instruction repousse une demande de mise en liberté, ou l'accorde, ou en fixe les conditions — celle par laquelle il prononce le secret — l'ordonnance de clôture, — mais, nous le répétons, il n'y a là qu'un simple rapprochement et ce qui en impose la signification n'est pas leur caractère de décision de justice ; mais surtout, l'intérêt capital qui résulte pour la défense de la connaissance qu'en a l'inculpé.

54. — Cependant, lorsque le juge se sera posé la question de savoir si l'inculpé a intérêt à connaître l'ordonnance, il devra se demander *si la signification ne risquerait pas de mettre obstacle à l'exercice de la justice*

(1) Voy. *infrà*, C. de Paris, 27 décembre 1898, n° 60.

et, dans l'affirmative, il devra s'abstenir. C'est ainsi qu'il ne devra pas signifier une ordonnance de perquisition ou celle prescrivant un constat d'adultère.

D'ailleurs, MM. Milhaud et Monteux (1) font remarquer avec raison que la question ne se présentera guère. Car, d'une part, il n'y a pas d'inconvénient à ce qu'une perquisition soit connue d'un inculpé détenu, car il ne peut rien faire et, d'autre part, s'il est libre, il faut remarquer que la perquisition est toujours faite avant l'instruction, dans le cours de l'enquête officieuse. Enfin, en matière d'adultère, le constat est toujours fait, en pratique, à la requête du Procureur de la République ; or la loi ne prescrit pas la notification des ordres de ce magistrat.

Le principe posé, nous allons maintenant examiner les ordonnances les plus importantes et dont la jurisprudence a eu à s'occuper et leur en faire l'application.

55. — *Ordonnance de citation à témoin.* — Il ne semble pas, au premier abord, qu'il y ait intérêt à signifier cette ordonnance au conseil de l'inculpé qui ne peut s'opposer à la déposition et a la ressource, lorsque le témoin a été entendu, d'attaquer ses déclarations ou de demander une confrontation. Mais il nous semble, au contraire, qu'*a priori*, il peut y avoir intérêt pour le prévenu à connaître que tel témoin sera entendu, afin qu'il puisse prévenir le juge d'instruction, soit de ce que le témoin lui en veut, soit de ce qu'il fera telle ou telle dé-

(1) *Op. cit.*, p. 234.

claration mensongère, soit de ce qu'il serait utile de lui poser telle ou telle question pour obtenir la vérité tout entière. Il est bien certain que le juge, qui n'attache que peu d'importance aux attaques dirigées par le prévenu contre un témoin qui s'est montré hostile à sa cause, y prêtera plus d'attention, alors qu'elles se produiront à un moment où l'inculpé n'a pas encore de raisons d'animosité contre le témoin. La connaissance de cette ordonnance est donc importante pour l'accusé, utile pour le magistrat qui souvent se trouvera averti : il y a lieu, pensons-nous, de la signifier (1).

56. — *Ordonnance donnant commission rogatoire.* — En ce qui concerne cette ordonnance, il y a lieu de faire une distinction. Si elle a pour objet l'audition de certains témoins, nous estimons que la signification est nécessaire : en effet, il est utile à l'inculpé de connaître celui qui va être chargé d'une partie de l'instruction, afin de lui faire les observations dont nous venons de parler ci-dessus relativement aux dépositions des témoins ; la commission rogatoire indique, il est vrai, sur quels points ceux-ci doivent être interrogés, mais elle ne dicte pas les questions elles-mêmes et le magistrat commis a toujours le droit de poser, sur la demande de l'inculpé, les questions qui peuvent lui sembler utiles. Si au contraire la commission a pour objet une perquisition, il n'y a aucun intérêt à la signifier. La jurisprudence

(1) *Contrà* : Trib. de la Seine, 24 juin 1898, confirmé par arrêt de la Cour de Paris le 8 janvier 1899, *Gaz. Pal.*, 1899, p. 167.

décide que, dans aucun cas, la signification n'est nécessaire (1).

57. — *Ordonnance commettant un expert.* — Il est du plus grand intérêt non seulement pour l'inculpé mais pour la justice elle-même qu'une telle ordonnance soit signifiée. L'expert joue un rôle considérable dans un procès, le rôle principal pourrait-on dire, et c'est aveuglément que, la plupart du temps, les tribunaux se rapportent à l'appréciation de ces auxiliaires. Or, ceux-ci ne présentent pas les mêmes garanties d'impartialité et d'indépendance que les magistrats ; ils communiquent avec les parties ; ils sont quelquefois accessibles aux faveurs, souvent à la crainte et nous pourrions citer telle affaire dans laquelle plusieurs experts, successivement nommés, ont renoncé l'un après l'autre à leurs fonctions, par crainte de la partie civile dont les puissantes relations auraient pu entraîner la ruine de leurs maisons de commerce, dans le cas où, comme ils paraissaient devoir le faire, ils auraient conclu en faveur du prévenu. De plus, l'expert peut connaître l'inculpé et avoir contre lui une animosité que le juge ignore. Il est donc indispensable qu'il soit connu, de façon à ce que le conseil puisse présenter au magistrat les observations qu'il jugera convenables, en lui faisant connaître les motifs qui le décident à demander un changement de désignation.

(1) Douai, 12 mai 1889 ; *Le Droit*, 7 juillet 1899. Arrêt précité de la Cour de Paris du 8 janvier 1899. Dans le sens de la jurisprudence : Vallet, *Commentaire pratique de la loi du 8 décembre* 1897, p. 63.

Cette nécessité n'a d'ailleurs pas échappé à la Chancellerie qui, enfermée par son critérium, convient dans la circulaire qu'une telle ordonnance n'est pas juridictionnelle, mais qu'il est bon néanmoins de la signifier (1).

La plus grande partie de la jurisprudence statue en notre sens (2). Parmi les diverses décisions, signalons le jugement contraire du tribunal de la Seine, du 26 janvier 1899, qui qualifie l'ordonnance nommant un expert d'*acte d'administration*, et le plus récent arrêt de la Cour de Paris qui est conforme à notre opinion et s'exprime ainsi à la date du 7 mars 1899 : « Considérant que les ordonnances du juge d'instruction commettant des experts à l'effet d'examiner l'état mental de l'inculpé sont de celles qu'*il y a intérêt pour la défense à connaître* immédiatement, c'est-à-dire avant qu'elles aient reçu leur exécution ; que la communication immédiate de ces ordonnances au conseil de l'inculpé *n'est pas d'ailleurs de nature à entraver ou à gêner la marche de l'information* ; qu'elles rentrent, dès lors, dans la catégorie de celles qui, aux termes des articles 10 § 2, et 12 de la loi du 8 décembre 1897, doivent être portées immédiatement à la connaissance du conseil de l'inculpé sous peine de nullité de l'acte et de la procédure ultérieure... »

(1) En ce sens ; Milhaud et Monteux, *op. cit.*, p. 238. *Contrà* : G. Le Poittevin, *Lois Nouv.*, 99.4.32.

(2) Lyon, 8 juin 1898, D. 98.2.489 ; Douai, 16 novembre 1898, D. 98.2.489 ; Paris, 8 janvier 1899, *Gaz.Pal.*, 1899, p. 167 ; Paris, 7 mars 1899, *Gaz. Pal.*, 1899, p. 710 ; *Contrà :* Trib. de la Seine, 26 janvier 1899, D. 99.2.40.

Ne ressort-il pas de la lecture de cet arrêt que notre critérium est le vrai ? La décision se base, en effet, sur les deux points que nous avons considérés comme devant être examinés : 1° *La signification est-elle utile à l'inculpé ?* 2° *Le cours de la justice ne serait-il pas entravé ?*

58. — M. le juge G. Le Poittevin ne croit pas qu'il y ait intérêt à faire connaître à l'inculpé le nom des experts. « Ne suffira-t-il pas, dit-il, qu'il connaisse les noms en même temps que le rapport d'expertise lui sera communiqué ? Pourquoi faut-il, — à peine de nullité de toute une instruction — qu'il en soit informé avant même qu'ils aient commencé leur œuvre ? S'il pouvait discuter le choix, nous comprendrions cette interprétation rigoureuse ; mais il n'a pas qualité pour former opposition, et, au moment où l'avis sera donné, la désignation sera irrévocablement faite. Nous le répétons : où est l'intérêt ? (1). — Nous avons déjà répondu par avance à cette dernière question. Le prévenu ne peut faire opposition, mais il peut présenter officieusement des observations au juge d'instruction par l'intermédiaire de son défenseur sur le choix qu'il a fait, et le magistrat ne manquera pas de revenir sur sa décision s'il lui paraît que l'expert peut être partial.

Notons d'ailleurs qu'en fait, au tribunal de la Seine tout au moins, la circulaire du Garde des Sceaux est ri-

(1) G. Le Poittevin, *Lois Nouv.*, 99.4.32.

goureusement observée et que les commissions d'experts sont portées à la connaissance des conseils des inculpés.

59. — *Ordonnance de compétence. — Ordonnance statuant sur une demande de mise en liberté provisoire. — Ordonnance de mise au secret. — Ordonnance définitive.* — Pour toutes celles-là, il est inutile de faire des développements, la nécessité de leur signification est trop évidente. D'abord elles ont un caractère juridictionnel et ensuite, qui ne voit l'intérêt capital qu'a l'inculpé à les connaître? Tous les auteurs et la jurisprudence sont en ce sens (1).

60. — *Ordonnance de soit communiqué.* — La circulaire du Garde des Sceaux prescrit la signification de cette ordonnance à cause de son caractère juridictionnel. Or, en quoi a-t-elle ce caractère ? Elle ne nous paraît être qu'un acte de pure forme, c'est une lettre de transmission au parquet et pas davantage et il ne nous semble pas que le juge d'instruction ait à statuer là contentieusement. Mais si nous n'approuvons pas le motif donné par la circulaire, nous approuvons le fait en lui-même et nous sommes d'accord pour reconnaître, avec la doctrine et la jurisprudence, qu'il y a un intérêt capital pour le prévenu à recevoir signification de cette ordonnance. Car, si c'est un acte de pure forme, il n'en indique

(1) Olier, *op. cit.*, p. 82 ; Brégeault et Albanel, *Lois Nouv.*, 98.1.86 ; Milhaud et Monteux, *op. cit.*, p. 232 et suiv. ; G. Le Poittevin, *Lois Nouv.*, 99.4.34 ; Trib. Seine, 22 décembre 1897, *Journ. Parq.*, 98.2 ; Cass., 11 février 1898, *Journ. Parq.*, 98.2.46 ; Grenoble, 1er avril 1898, *Journ. Parq.*, 98.2.82 ; Paris, 9 mai 1898, *Journ. Parq.*, 98.2.90.

pas moins que l'instruction est sur le point d'être terminée et que si l'inculpé ou son défenseur ont quelque observation à présenter, quelque mesure d'information à solliciter, il faut qu'ils se hâtent d'en faire part au magistrat instructeur.

Les Cours d'appel ont statué immédiatement dans ce sens (1), et la Cour de cassation s'est prononcée également en faveur de la même opinion le 24 juin 1898 (2) : « Attendu que la loi nouvelle exige, à peine de nullité, qu'il soit donné au conseil connaissance de toute ordonnance du juge d'instruction ; que si cette dernière disposition, malgré la généralité de ses termes, ne peut s'étendre à toute mesure d'information, on ne saurait, en l'état actuel de la législation, refuser de l'appliquer à l'ordonnance de soit communiqué ; que c'est en effet sur le vu de cette ordonnance que le conseil de l'inculpé, avisé par elle du règlement prochain de l'information, pourra réclamer utilement la communication de toutes les pièces du dossier, les examiner et produire les observations qu'il jugera nécessaires dans l'intérêt de la défense ; que dans ces conditions, il faut reconnaître que l'ordonnance de soit communiqué, loin d'être un acte de pure transmission, présente les caractères d'un acte juridictionnel... » Tout en ne voyant pas bien en quoi un acte devient juri-

(1) Caen, 28 décembre 1897, *Journ. Parq.*, 98.2.6 ; *Lois Nouv.*, 98.4.45: Lyon, 5 janvier 1898, *Journ. Parq.*, 98.2.21 ; Aix, 6 janvier 1898, *Journ. Parq.*, 98.2.22 ; Caen, 20 janvier 1898, *Journ. Parq.*, 98.2.23 ; Paris, 7 avril 1898, D. 98.2.210 ; Paris, 9 mai 1898, *Journ. Parq.*, 98.2.90.

(2) *Lois Nouv.*, 99.4.35.

dictionnel lorsqu'il présente de l'intérêt pour l'inculpé, nous ne pouvons, au fond, qu'approuver la solution.

Cette jurisprudence a d'ailleurs été suivie par la Cour de Paris, Chambre des mises en accusation (1) et enfin par la même Cour, Chambre des appels correctionnels qui, à la date du 27 décembre 1898, s'exprime ainsi : « Considérant que l'acte par lequel le juge d'instruction communique au procureur de la République la procédure qu'il considère comme terminée est une ordonnance d'un caractère juridictionnel ayant pour objet de mettre le ministère public à même de prendre ses conclusions, tant sur la prévention que sur le règlement de la compétence, de requérir même un supplément d'information ; que cet acte intéresse essentiellement les droits de la défense ; que le défenseur averti peut alors prendre utilement communication de la procédure, produire avant le réquisitoire du ministère public et l'ordonnance définitive qui doit s'ensuivre ses moyens de défense ou demander, s'il le juge utile, l'audition de nouveaux témoins ; qu'il résulte au surplus de la circulaire du garde des sceaux du 10 décembre 1897 que l'ordonnance de soit communiqué est de celles qui doivent être portées à la connaissance du défenseur... (2). »

Cette jurisprudence paraît définitivement établie.

61. — M. le juge G. Le Poittevin (3) et M. Le-

(1) *Lois Nouv.*, 99.4 37.
(2) D. 99.2.82, *Gaz. Pal.*, 99.187.
(3) *Lois Nouv.*, 99.4.38.

loir (1) pensent qu'il n'y a pas lieu de signifier les ordonnances de soit communiqué autres que celle qui intervient à la fin de l'instruction ou celles qui, d'une façon générale, tendent à provoquer les réquisitions du parquet. Mais si le communiqué n'est que la réponse à une réquisition du parquet qui demande communication du dossier, il n'y aurait pas d'intérêt pour l'inculpé à en recevoir signification. Nous n'osons adopter cette manière de voir et il nous semble qu'il sera toujours intéressant pour l'inculpé de savoir quand le dossier est remis au ministère public, son adversaire.

INCULPÉ EN FUITE.

62. — Dans le cas où l'inculpé est en fuite, il est certain que le conseil n'a plus le droit d'exiger la signification des ordonnances. En effet, il ne jouit pas d'un pouvoir propre, il n'est pas mandataire : il ne fait qu'assister son client. Lorsque l'inculpé disparaît, son rôle est donc terminé (2).

INCULPÉ SANS AVOCAT.

63. — Un arrêt de la Cour de Rennes du 19 janvier 1898 (3) décide que l'ordonnance de soit communiqué doit être signifiée au prévenu s'il n'a pas de défenseur. Nous ne croyons pas devoir approuver cette décision : la loi est formelle, elle prescrit la signification au conseil de l'inculpé et non à l'inculpé lui-même. D'ailleurs la signification n'aurait pour lui aucun intérêt puisqu'il ne

(1) L'instruction préalable, *France judiciaire*, 98.1. 273.
(2) Trib. Seine, 8e ch., 12 octobre 1898, *Lois Nouv.*, 99.4.39.
(3) D. 98.2.250.

pourrait prendre communication de la procédure (1). Enfin, il est libre de ne point accepter de défenseur; mais alors, dans ce cas, il renonce par cela même aux bénéfices que lui a accordés la loi par l'intermédiaire du conseil.

2° CAS DE NULLITÉ NON PRÉVUS PAR LA LOI. — NULLITÉS SUBSTANTIELLES.

64. — Nous avons étudié les différents cas dans lesquels l'omission d'une formalité prescrite par la loi constitue une cause de nullité prévue par l'article 12. Il y a lieu de rechercher maintenant si, en dehors des dispositions de cet article, on peut admettre d'autres cas de nullité, ou si l'énumération qu'il contient est limitative; en un mot si l'on doit appliquer à la loi du 8 décembre 1897 la théorie des *nullités substantielles* admise en matière criminelle.

A notre avis cela ne fait aucun doute et, comme le dit très justement M. G. Le Poittevin (2), « cette loi a eu pour but d'assurer la défense de l'inculpé pendant tout le cours de l'instruction écrite; par suite, toute violation d'une règle édictée par cette loi qui apportera un obstacle réel à l'exercice du droit de défense, devra être considérée comme une cause absolue de nullité ». D'ailleurs,

(1) Voy. *suprà*, n° 40.
(2) *Lois Nouv.*, 99.4.41.

la grande majorité des auteurs et la Cour de cassation se sont rangés à cet avis.

65. — Néanmoins l'admission de ce principe ne va pas toute seule lorsqu'on examine les travaux préparatoires de la loi.

En effet, la question générale des nullités n'était pas traitée dans le projet de 1879; mais à la suite de certaines dispositions, la mention *à peine de nullité* avait été ajoutée par la Commission. — Dans la séance du 6 juin 1882, M. Bozérian exprima au Sénat la crainte qu'il avait de voir surgir des difficultés sur ce point. En effet, bien que le Code d'instruction criminelle ait édicté diverses dispositions à peine de nullité, certaines autres formalités devaient être et étaient considérées par la jurisprudence comme tellement essentielles que leur omission devait entraîner la nullité bien qu'aucun texte ne le disposât. Pour éviter que de semblables difficultés ne vinssent à se présenter, il proposait de réunir en un seul article toutes les formalités de ce genre, de façon à limiter d'un seul coup les cas où la nullité pourrait être proposée. Le rapporteur répondit que c'était inutile et qu'il était bien certain que, du moment que le projet avait attaché à certaines omissions la sanction de la nullité, il avait par suite écarté toute autre hypothèse. A la séance suivante, le rapporteur changea d'idée et adopta la proposition de M. Bozérian : les nullités furent donc groupées en un article unique. « Et depuis le vote de ce texte, déclarent

MM. Milhaud et Monteux (1), les différentes propositions et les différents projets de loi relatifs à l'instruction criminelle ont réuni dans un texte unique les causes de nullité, de façon à écarter l'idée de nullités substantielles. » — Malgré cet argument qui, nous le reconnaissons, ne manque pas de solidité, nous estimons néanmoins que c'est avec raison que la jurisprudence a admis en cette matière l'application de la théorie des nullités substantielles « en dépit du législateur ou plutôt, pour sauvegarder la pensée dominante du législateur contre sa volonté du jour » (2).

66. — *Jurisprudence.* — La question n'avait d'ailleurs pas tardé à se présenter. Par ordonnance du 12 décembre 1897, une *fille Borie* était renvoyée par le juge d'instruction devant le tribunal correctionnel de la Seine. Le 22 décembre suivant, l'affaire venait devant la dixième Chambre et Me Albert Crémieux, avocat de la prévenue, présentait au tribunal des conclusions ainsi formulées : « Attendu que l'ordonnance de renvoi en date du 12 décembre dernier n'a point été signifiée au conseil de la prévenue ; qu'elle n'a pas été interpellée sur le point de savoir si elle désirait l'assistance d'un avocat ; — Attendu que la signification de l'ordonnance de renvoi au conseil du prévenu est prescrite à peine de nullité par l'article 10 de la loi du 8 décembre 1897, exécutoire un jour après

(1) *Op. cit.*, p. 282 et suiv.

(2) Leloir, *France judic.*, 98.1.19. — Voir aussi, Olier, *Journ. Parq.*, 98.1.181. Examen critique de l'interprétation jurisprudentielle de la loi du 8 décembre 1897.

sa promulgation dans le département de la Seine. — Par ces motifs ; Plaise au tribunal annuler la procédure suivie contre la fille Borie ; condamner la partie publique aux dépens (1). »

Comme on peut le remarquer, dans ces conclusions il y a deux chefs à l'appui de la demande : 1° la non-signification de l'ordonnance qui, étant prescrite à peine de nullité, ne soulève pas de difficultés ; 2° le défaut d'interpellation sur le point de savoir si la fille Borie désirait l'assistance d'un avocat. Sur ce point, la loi n'ayant pas statué, la question se posait de savoir si la nullité devait être encourue car, alors, c'eût été admettre la théorie des nullités substantielles. Le tribunal voulut-il tourner la difficulté ou repoussa-t-il une partie des conclusions ? Quoi qu'il en soit, il annula la procédure mais se basa exclusivement sur le défaut de signification de l'ordonnance et omit de statuer sur le deuxième chef (2).

67. — Mais cette décision judiciaire eut pour résultat d'ouvrir la discussion dans la requête que M. Atthalin, alors procureur de la République, adressa à la Chambre des appels correctionnels à l'appui de l'appel par lui interjeté du jugement de la dixième Chambre (3). « A la différence de ce qui a lieu pour la Cour d'assises, dit ce magistrat, où l'assistance du défenseur est une condition substantielle de la validité de la procédure, l'intention du législateur de 1897 n'a pas été que, dans l'ins-

(1) *Lois Nouv.*, 98.4.40.

(2) 8e chambre, Seine, 22 décembre 1897, *Lois Nouv.*, 98.4.40.

(3) *Lois Nouv.*, 98.4.41-42.

truction préparatoire, l'inculpé fût nécessairement assisté d'un conseil ; il a dit et répété, au cours des discussions qui ont précédé l'adoption de cette loi que, faute de conseil désigné, le juge pourrait procéder aux divers actes d'instruction dans les formes précédemment en usage ; on ne saurait donc se faire un grief contre la validité de la procédure du fait que l'ordonnance de renvoi n'aurait pas été portée à la connaissance d'un conseil qui, à l'époque de sa date, ne s'était pas encore révélé. Pour expliquer la pensée qui a, sans doute, guidé le tribunal, il faut rapprocher le jugement rendu des conclusions prises à l'audience du 22 décembre dans l'intérêt de la prévenue. On y reprochait au juge d'instruction d'avoir, le 12 décembre 1897.... signé son ordonnance de renvoi sans avoir fait comparaître l'inculpée devant lui et l'avoir avertie qu'elle avait le droit de choisir un conseil, ou lui en avoir, sur sa demande, fait désigner un d'office. Mais *les formalités prévues par les paragraphes* 3 *et* 4 *de l'article* 3 *de la loi du* 8 *décembre* 1897 *ne sont pas prescrites à peine de nullité, l'article* 12 *qui renferme une énumération limitative* des causes de nullité se bornant à attacher cette sanction à l'inexécution de la formalité prévue par le paragraphe 2 dudit article. »

La Cour d'appel ne partagea pas cette manière de voir et, en confirmant le jugement, elle statua cette fois sur le deuxième chef; mais pas assez clairement cependant (1) : ...« Considérant qu'aux termes de l'article 9 de

(1) App. corr. Paris, 6 janvier 1898, *Lois Nouv.*, 98.4.43.

ladite loi, le magistrat instructeur doit donner avis à l'inculpé de son droit de choisir un conseil et, s'il le demande, lui en faire désigner un d'office ; que l'article 10 dispose qu'il doit être immédiatement donné connaissance au conseil de toute ordonnance du juge par l'intermédiaire du greffier. — Considérant qu'aux termes de l'article 12, la sanction de l'inobservation de la formalité exigée par l'article 10 est la nullité « de l'acte et de la procédure ultérieure » que l'article 135 du Code d'instruction criminelle aux termes duquel les ordonnances de renvoi en police correctionnelle ne sont susceptibles d'aucun recours de la part du prévenu n'est pas applicable dans l'espèce ; qu'il ne s'agit pas en effet, dans l'espèce, d'une opposition à l'ordonnance, mais d'une exception d'irrecevabilité, en l'état, du ministère public, *fondée sur l'inobservation d'une formalité substantielle* du droit de la défense et d'ailleurs prescrite par la loi à peine de nullité... ».

Cet arrêt nous semble ambigu en ce sens qu'on ne voit pas bien auquel des deux chefs s'applique l'expression : *inobservation d'une formalité substantielle.* — Est-ce au premier chef : non-signification de l'ordonnance ? Alors il est inutile de le dire puisque, même sans qu'il soit nécessaire d'appliquer notre théorie, il était, aux termes de l'article 12, suffisant pour entraîner la nullité. — Est-ce au second ? Comment alors pourrait-on expliquer les mots « *et d'ailleurs prescrite par la loi à peine de nullité* », ce qui serait absolument inexact. Il n'y aurait rien d'étonnant à ce que cette dernière opinion fût la vraie, car nous verrons plus loin que plusieurs arrêts ont consacré la même inexactitude.

68. — La Cour de cassation s'est enfin, le 4 février 1898, prononcée définitivement et clairement sur la question (Même affaire : Fille Borie contre Ministère public) : «... Attendu que le tribunal a déclaré la nullité de l'ordonnance et que cette déclaration, sur l'appel du ministère public a été confirmée par la Cour, par le motif qu'avant de rendre une ordonnance dont il devait être donné connaissance au conseil de l'inculpée, le juge d'instruction était tenu de mettre l'inculpée à même d'être assistée d'un conseil ; Attendu que la Cour d'appel a ainsi donné à sa décision des motifs suffisants et qu'elle a sainement interprété la loi du 8 décembre 1897 ; qu'en effet, l'article 3 § 3 de cette loi porte : « Si l'inculpation est maintenue, le magistrat donnera avis à l'inculpé de son droit de choisir un conseil..... ; qu'aux termes des articles 9 et 10, le conseil est appelé à assister aux interrogatoires et confrontations de l'inculpé, à prendre communication de la procédure la veille des interrogatoires et à être avisé des ordonnances du juge ; que ces dispositions des articles 9 et 10 sont prescrites à peine de nullité ; que l'assistance d'un conseil au cours de l'instruction est donc considérée par la loi comme essentielle à la défense de l'inculpé qui réclame cette assistance ; que l'inculpé doit donc être mis à même d'exercer le droit qui lui a été garanti par l'article 3 § 3 ; qu'il importe peu que la nullité n'ait pas été attachée expressément à l'inobservation de ce paragraphe, puisque les formalités qui font partie substantielle du droit de défense sont de rigueur et que leur omission constitue de plein droit et par elle-même une nullité radicale... » (1).

69. — D'autres arrêts s'étaient déjà prononcés dans ce sens en déclarant nulles des procédures dans lesquelles les juges d'instruction n'avaient pas averti les inculpés qu'ils avaient le droit de choisir un défenseur (2). Mais, quoique statuant de même, ces divers arrêts ne partent pas du même point de vue : certains semblent avoir basé leurs décisions en s'appuyant sur une erreur de fait.

Par exemple, l'arrêt de Caen du 28 décembre 1897 (3), constatant « que le juge n'a pas donné avis à chacun des inculpés de son droit de choisir un conseil, avis prescrit par l'article 2 § 3 », ajoute : « Attendu que les prescriptions des articles 3 § 3... sont prescrites à peine de nullité... » Or c'est une inexactitude matérielle, la loi a sanctionné le § 2 et non le § 3. La Cour a-t-elle voulu appliquer la théorie des nullités substantielles ? Il serait bien étonnant qu'elle se fût expliquée d'une façon aussi ambiguë.

70. — La Cour d'Aix (6 janvier 1898) (4) consacre une autre erreur : « Attendu, dit-elle, qu'aux termes de l'ar-

(1) Cass., 4 février 1898, *Lois Nouv.*, 98.4.44 note 1, D. 98.1.229, *Journ. Parq.*, 98.2.34.

(2) V. *infrà*.

(3) *Journ. Parq.*, 98.2.6, *Lois Nouv.*, 98.4.45.

(4) *Journ. Parq.*, 98.2.22, *Lois Nouv.*, 98.4.50.

ticle 3 § 2..., le juge d'instruction doit donner avis à l'inculpé qu'il a le droit de choisir un conseil..... *que cette disposition est prescrite à peine de nullité.* » Or c'est le § 3 et non le § 2 qui contient cette prescription. Il nous semble qu'on ne peut expliquer cela que par une confusion dans le numérotage. L'article 3 se compose de 4 paragraphes dont deux très grands, le premier et le troisième et deux très petits, la deuxième et le quatrième. La Cour d'Aix a considéré sans doute le 2e comme compris dans le 1er et le 4e dans le 3e. De sorte que, pour elle, il n'y a dans l'article 3 que deux paragraphes et au lieu d'appliquer la nullité au défaut de mention de l'avertissement donné à l'inculpé qu'il est libre de ne pas faire de déclarations, elle a considéré que cette nullité s'appliquait au défaut d'avertissement de ce qu'il avait le droit de choisir ou demander un défenseur.

Cette explication que nous ne pouvons donner, bien entendu, que sous toutes réserves, nous paraît au moins vraisemblable, car des jurisconsultes ont déjà remarqué qu'il pouvait y avoir équivoque à ce sujet. C'est ainsi que M. Paul Jolly estime, contrairement au texte de la circulaire ministérielle que, grammaticalement parlant, le paragraphe 2 d'un texte est constitué par une disposition différente de la première ; or, dans l'espèce, le second alinéa de l'article 3 n'est évidemment pas, pense-t-il, un deuxième paragraphe, car il ne contient pas une disposition différente de la première, mais seulement mention de cette première disposition au procès-verbal (1). Mais

(1) *Rev. pénit.*, 1899, p. 366.

lorsqu'il ajoute que la question n'a pas d'intérêt parce que la jurisprudence fait intervenir, en tous cas, la théorie des nullités substantielles, il a tort, à notre avis. — Car si c'est par l'application de la théorie des nullités substantielles que le manque d'avertissement relatif au conseil est sanctionné, c'est formellement qu'est sanctionnée la mention au procès-verbal de l'avertissement relatif au silence de l'inculpé. Tandis qu'au contraire, si la disposition formelle de l'article 12 s'applique à la disposition relative au conseil, celle relative au silence n'est pas sanctionnée par la nullité !... A moins, cependant, qu'on ne fasse intervenir la théorie des nullités substantielles à l'égard de celle-là... Mais alors, quel chaos !

71. — Quant à la Cour d'appel de Lyon (26 janvier 1898) (1) elle s'exprime ainsi : « Aux termes des articles 3 § 2 et 12 de la loi du 8 décembre 1897, c'est l'avis à donner, par le juge d'instruction, à l'inculpé, qu'il peut se choisir un conseil ou s'en faire désigner un d'office qui est prescrit à peine de nullité. » Cette fois, il n'y a pas de doute : nous sommes là au milieu d'une véritable discussion sur l'interprétation de l'article 12. En sanctionnant de la peine de la nullité l'inobservation de l'article 3 § 2, le législateur a-t-il entendu parler de l'avertissement relatif au silence ou de l'avertissement relatif au conseil ? Ces Cours d'appel optent pour la deuxième opinion.

(1) *Journ. Parq.*, 98.2.27, *Lois Nouv.*, 98.4.51, D. 98.2.273.

Il nous semble que ce n'est pas la bonne et qu'on doit, au contraire, admettre la première : le texte est formel, les paragraphes n'ont point été mis là au hasard et, lors de la rédaction de la loi, alors qu'il n'y avait à énumérer que cinq cas de nullité, il n'est pas admissible que le législateur ait dit, si clairement, autre chose que ce qu'il voulait dire. D'ailleurs, en fait, cette supposition est inexacte car, de la discussion parlementaire de l'article 12, il résulte bien que notre opinion est la vraie (1).

72. — Néanmoins, le résultat des erreurs commises par toutes ces cours est excellent et il suffit de justifier leurs décisions en partant d'un autre point de vue, pour reconnaître qu'en fait, si elles ont mal motivé, elles n'en ont pas moins bien jugé. La Cour d'appel de Lyon, dans un arrêt du 5 janvier 1898, antérieur à celui cité plus haut, avait fait pressentir la véritable raison (2), elle a seulement eu tort de ne pas suivre son idée première : « Considérant, dit-elle, que si dans les procédures qui se trouvaient en cours au moment où la loi a été promulguée, les prescriptions édictées par l'article 3 § 2 n'ont point été remplies, il est bien évident qu'elles doivent l'être à dater du jour de la promulgation de la loi ; qu'en effet, si le juge d'instruction ne procède pas aux mesures édictées par le deuxième (*lisez troisième*) paragraphe de l'article 3 (c'est-à-dire l'avertissement donné à l'in-

(1) M. le conseiller Aubin, *Revue pénit.*, 1899, p. 357. — En ce sens : A. Le Poittevin, *eod. loc.*

(2) *Lois Nouv.*, 98.4.50, *Journ. Parq.*, 98.2.21.

culpé qu'il peut choisir un défenseur), *il se met dans l'impossibilité d'exécuter les prescriptions du deuxième paragraphe de l'article* 10. »

C'est également au même point de vue que s'est placée la Cour de Rennes le 19 janvier 1898 dans une affaire *Bouchet* (1). « Considérant qu'avant de signer l'ordonnance de mise en prévention et *afin d'assurer l'exécution de l'article* 10 § 2 *de la loi nouvelle* qui prescrit de porter toutes les ordonnances à la connaissance du défenseur, le juge d'instruction était tenu d'aviser l'inculpée de son droit... de choisir un conseil... ; que le juge d'instruction n'a pas accompli cette formalité et que l'ordonnance de renvoi n'a, par suite, été communiquée à aucun conseil... annule l'ordonnance.... »

Enfin, citons encore un arrêt de la Cour de Lyon du 8 juin 1898 (2) qui s'exprime encore plus clairement à cet égard : « Considérant qu'au moment où cette ordonnance de commission d'experts a été rendue, *Vacher* n'avait point de conseil ; — mais que le juge d'instruction aurait dû, avant de rendre son ordonnance ou immédiatement après, mettre *Vacher* en demeure de se choisir un conseil ou de s'en faire désigner un d'office ; — que ce magistrat n'a point procédé ainsi ; — qu'il n'a pas prévenu *Vacher* des droits que lui conférait la loi nouvelle et *l'a privé, par conséquent, de la protection organisée en sa faveur par l'article* 10 § 2.. »

(1) *Lois Nouv.*, 98.4.47.
(2) D. 98.2.489.

73. — Ces derniers arrêts mettent merveilleusement en lumière la véritable raison de l'admission de la théorie des nullités substantielles : c'est que parmi les prescriptions qui ne sont pas imposées à peine de nullité il y en a dont l'inobservation permettrait de négliger celles qui sont sanctionnées, sans qu'on puisse avoir à craindre les dispositions de l'article 12. C'est par quelques hypothèses que nous allons essayer d'éclairer cette proposition.

Prenons l'hypothèse suggérée par la Cour de Lyon. Pour une raison quelconque, purement théorique, le juge d'instruction veut se dispenser de signifier aux conseils des inculpés contre lesquels il instruit les ordonnances qu'il aura à rendre. Il a un moyen bien simple : c'est de faire en sorte que les inculpés n'aient pas de conseils. Et dès lors, lorsque l'inculpé sera amené pour la première fois devant lui, il n'aura qu'à s'abstenir de l'avertir du droit que lui confère la loi, d'être assisté d'un avocat. Cet avertissement de l'article 3 § 3 n'est pas prescrit à peine de nullité expresse ; donc, si l'on n'a pas recours à la théorie des nullités substantielles, le juge n'encourra aucune sanction et d'autre part on ne pourra lui faire un grief du défaut de signification des ordonnances, puisqu'il n'y a pas de défenseur pour la recevoir et que la présence d'un défenseur est facultative. — Si l'inculpé demande spontanément un avocat d'office, le juge aura un autre moyen qui sera de ne pas transmettre la demande au Bâtonnier ou au Président du tribunal : la loi lui ordonne de e faire mais non à peine de nullité : il n'y aura donc pas de sanction de son abstention ou de son refus (du moins en ce qui concerne la validité de sa procédure) (1).

Imaginons une autre hypothèse. — Le droit pour le conseil de prendre communication de la procédure la veille de l'interrogatoire ne peut produire un effet efficace que s'il peut, postérieurement à cette communication, en conférer avec l'inculpé. Or, d'autre part, le paragraphe 3 de l'article 8, qui déclare que jamais l'interdiction de communiquer avec l'inculpé ne s'appliquera à l avocat, n'est pas sanctionné par la nullité. De sorte que si l'avocat a été empêché de communiquer avec l'inculpé il y aura, à l'article 10 § 1, une infraction indirecte qui ne sera pas sanctionnée.

Enfin, il y aurait un moyen de se soustraire à toutes les obligations, y compris celle de l'article 3 § 1, lorsqu'il s'agira d'un inculpé libre. Le parquet pourrait ouvrir une information anonyme contre *Inconnu*. Le juge d'instruction convoquerait alors comme témoin celui qui est en réalité poursuivi et l'entendrait ainsi en une déposition qui serait en réalité un interrogatoire. Puis, les charges se précisant, le témoin deviendrait officiellement un inculpé, on le mettrait en état d'arrestation et on se servirait contre lui des déclarations qu'il aurait faites. — Il est bien certain qu'une telle situation pourra se présenter,

(1) Voir Olier, *op. cit.*, p. 65.

sans mauvaise foi de la part de personne et, dans ce cas, il n'y aurait rien à dire. Mais un tel procédé, employé sciemment, serait d'autant plus condamnable que les déclarations seraient faites sous la foi du serment et que l'inculpé serait ainsi placé entre l'alternative d'être parjure ou de fournir lui-même les preuves de sa culpabilité (1). Aussi ne pensons-nous pas qu'il se trouve parmi les magistrats français un seul homme capable de se livrer à des actes aussi criminels.

Mais, en tous cas, et quelle que soit l'improbabilité de semblables hypothèses, il suffit qu'elles soient possibles pour qu'on recherche tous les moyens de faire respecter la volonté du législateur.

74. — Il faut donc que toutes les fois, au moins, que l'inobservation d'une prescription non sanctionnée aurait pour résultat de rendre inattaquable l'inobservation d'une prescription sanctionnée, ou qu'un subterfuge permettrait de se soustraire à une sanction formelle, l'acte soit annulé comme portant une atteinte grave aux droits de la défense.

La nullité devra donc être encourue par application de cette règle : 1° *Lorsque le juge n'aura pas averti l'inculpé qu'il peut se faire assister d'un avocat* (2) ; 2° *Lorsque le juge n'aura pas fait désigner de conseil à l'inculpé sur sa demande et aura procédé à l'interrogatoire de l'in-*

(1) Milhaud et Monteux, *op. cit.*, p. 103.

(2) En ce sens : G. Le Poittevin, *France judiciaire*, 9 juin 1900, p. 193 ; Olier, *Journ. Parq.*, 98.1.64, n° 60.

culpé seul. Et remarquons bien que ce n'est pas seulement l'interrogatoire hors la présence du conseil qui sera nul, mais aussi le premier interrogatoire dans lequel on aura négligé d'observer l'article 3 § 3 (1).

75. — Il faudra aussi appliquer notre règle toutes les fois que l'inobservation d'une prescription non sanctionnée aurait pour résultat de rendre inutile une autre prescription qui serait observée. C'est ainsi qu'*un interrogatoire précédé de communication du dossier au conseil,* devrait être, selon nous, *annulé, lorsqu'entre la communication et l'interrogatoire, l'avocat aurait été,* par suite de mise au secret absolu, *dans l'impossibilité de voir son client* en violation de l'article 8 § 3 : « Si l'on suppose, dit M. G. Leloir (2), que les communications de l'inculpé avec son conseil soient entravées systématiquement et de telle sorte qu'il en résulte un grief certain pour les intérêts de la défense, il est difficile de croire que cela ne pourra pas influer sur la validité de la procédure. »

76. — Devra-t-on admettre aussi que lorsque dans le cours d'une perquisition (à laquelle, suivant certains auteurs, le défenseur n'a pas le droit d'assister), le juge interpellera le prévenu de s'expliquer sur les choses saisies, sans l'avertir qu'il est libre de ne pas répondre, le procès-verbal sera entaché de nullité ? Cette opinion paraît être celle de M. le juge G. Le Poittevin qui considère

(1) *Contrà*, Milhaud et Monteux, *op. cit.*, p. 113.
(2) *Code d'instr. crim.*, Introd., p. XXI.

que, de l'ensemble des dispositions de la loi, notamment de son article 5 et surtout, de ses tendances générales, il résulte que cet avertissement doit être donné dans tous les cas où l'inculpé peut se méprendre sur l'étendue de ses droits et se trouve privé des avis de son conseil (1). Nous n'osons aller jusqu'à adopter cette manière de voir qui nous paraît un peu excessive ; d'autant plus qu'elle n'a pas d'intérêt pour nous, qui pensons que le défenseur a le droit d'assister à une perquisition (2), ce qui coupe court à toute difficulté sur ce point spécial.

77. — *En somme*, d'une façon générale et pour tout résumer, nous estimons avec la plupart des auteurs qu'aux cas de nullité prévus expressément par la loi, il y a lieu d'en ajouter autant que la nécessité l'impose, toutes les fois que l'on se trouvera devant un acte apportant un obstacle sérieux au libre exercice de la défense. C'est donc avec raison que la jurisprudence admet et consacre d'une façon définitive la théorie des *nullités substantielles*.

SECTION II. — **Caractère des nullités.**

LES NULLITÉS SONT-ELLES D'ORDRE PUBLIC ?

78. — Les nullités édictées par la loi ou reconnues par la jurisprudence sont-elles des *nullités absolues*, *d'ordre public*, devant être soulevées même d'office

(1) *Lois Nouv.*, 99.4.10.
(2) Voy, *suprà*, n° 30.

et s'exerçant malgré la renonciation de l'inculpé (1) ?

Il convient tout d'abord de remarquer que l'hypothèse de la renonciation n'a rien d'invraisemblable et qu'il peut arriver qu'un inculpé ait plus d'avantages à renoncer au droit de faire valoir une nullité que de l'exercer; par exemple lorsque, la formalité prescrite n'ayant pas été observée, aucun préjudice n'en est résulté, comme dans le cas d'un interrogatoire passé en l'absence du conseil mais qui a tourné au profit de l'inculpé. Dans ce cas, l'exercice de son recours n'aurait d'autre résultat que de retarder l'instruction et prolonger la détention préventive. N'est-il pas juste alors de lui permettre de couvrir expressément la nullité sous peine de voir se retourner contre lui des dispositions législatives édictées dans son intérêt ?

79. — Il est certain qu'à la question ci-dessus posée on ne peut faire une réponse unique pour tous les cas de nullité. La première nullité, celle qui résulte de la violation de l'article 1er, est certainement d'ordre public comme touchant à la constitution des juridictions. Et d'autre part, il est certain, comme le font remarquer MM. Milhaud et Monteux (2), « que la nullité qui frappe l'interrogatoire, lorsqu'il a lieu hors la présence du conseil, n'est pas une nullité d'ordre public puisque l'article 9 § 2 admet que l'inculpé peut renoncer expressément à l'assistance de l'avocat. »

(1) Dans le sens de l'affirmative : Vallet, *op. cit.*, p. 64 ; Paul Lefebvre, Thèse de doctorat, Paris, 1899, p. 157 et 161.

(2) *Op. cit.*, p. 286.

Nullité résultant de la violation de l'article 1er.

80.— Le caractère d'ordre public de cette nullité est reconnu sans discussion par tous les auteurs (1) et la jurisprudence : « Considérant, dit la Cour de Paris, que parmi les nullités édictées par la loi du 8 décembre 1897, une seule, celle du jugement auquel a concouru le juge d'instruction d'affaires par lui instruites, est d'ordre public, comme touchant à la constitution des juridictions » (2).

Autres nullités.

81. — Comme on le voit d'après l'arrêt sus-relaté, en ce qui concerne les autres hypothèses la nullité ne serait pas d'ordre public. Il ne pourrait donc être statué d'office sur elle et, d'autre part, l'inculpé pourrait renoncer à la soulever ; c'est ce qui se présenterait dans les cas suivants : 1° Omission d'avertir l'inculpé qu'il est libre de ne pas répondre ; 2° Défaut de communication du dossier la veille de l'interrogatoire ; 3° Non-convocation du conseil à l'interrogatoire ; 4° Non-signification des ordonnances.

MM. Milhaud et Monteux partagent cette opinion et, tout en admettant le principe qu'en matière criminelle les nullités sont toujours d'ordre public, ils estiment que les dispositions de la loi du 8 décembre 1897 dérogent à la règle générale et ils expliquent leur opinion par ce fait que les partisans de la réforme considéraient comme le

(1) G. Le Poittevin, *Lois Nouv.*, 99.4.63 ; Brégeault et Albanel, *Lois Nouv.*, 98.1.93 ; Société des prisons, *Revue pénit.*, 1899, p. 369.

(2) Paris, 9 mai 1898, *Lois Nouv.*, 99.4.63.

point le plus important la présence de l'avocat à l'interrogatoire et qu'en adoptant l'amendement Trarieux permettant à l'inculpé de renoncer à la convocation du conseil, le législateur a, par cela même, consenti à retirer aux nullités de l'article 12 le caractère d'ordre public. — Cela nous semble un peu excessif, d'abord parce que dans l'étude de cette loi qui a été discutée d'une façon quelque peu incohérente, il est toujours fragile de s'appuyer sur les travaux préparatoires, et surtout, parce que c'est supposer au législateur une intention qu'il n'a peut-être pas eue. Et enfin si l'on admet qu'il a réellement eu cette intention de déroger aux principes généraux, pourquoi faire une différence entre les prescriptions susvisées et celles de l'article 1er ? Pourquoi ne pas dire aussi que la nullité résultant de la violation de cet article n'est pas d'ordre public ? Or c'est ce que ni ces auteurs ni les autres n'admettent.

82. — MM. Brégeault et Albanel donnent d'autres raisons ; l'inculpé ayant droit de renoncer à toutes les formalités prescrites à peine de nullité doit pouvoir, après coup, lorsque la nullité s'est produite, renoncer à l'invoquer. Cette raison ne nous paraît pas satisfaisante, car il y a au moins un cas dans lequel l'inculpé ne peut renoncer d'avance à la formalité prescrite : c'est le cas de l'article 3 § 1. Peut-on dire sérieusement qu'il a le droit de renoncer d'avance à ce qu'on l'avertisse qu'il est libre de ne pas répondre ?

Néanmoins, nous admettons le principe et nous pensons que toutes les fois (et ce sera fréquent) que l'inculpé pourra renoncer d'avance à une formalité, il pourra également renoncer ultérieurement à soulever la nullité résultant de son omission.

Nous l'admettons d'autant plus facilement que ces auteurs s'appuient sur d'excellentes raisons : « L'inculpé, conseillé par son défenseur, doit être laissé juge de la question, puisque c'est pour le protéger que la loi a été faite. Il ne serait donc pas logique de l'obliger à subir les conséquences préjudiciables d'une nullité qui, sans qu'il y ait de son fait, s'est glissée dans la procédure, et d'aggraver ainsi sa position, par exemple, s'il est détenu, par la prolongation de la détention préventive, pour permettre de recommencer la procédure irrégulière. »

Mais, nous le répétons, ce principe doit s'appliquer à la plupart des cas et non à leur totalité ; aussi pensons-nous qu'entre les hypothèses autres que celle de la violation de l'article 1er, il y a encore lieu de faire des distinctions.

83. — 1° *Défaut de mention de l'avertissement donné à l'inculpé qu'il est libre de ne pas faire de déclarations.* — Dans l'article 2 il y a deux dispositions : 1° avertir l'inculpé qu'il est libre de ne pas faire de déclarations (§ 1) ; 2° faire mention de l'avertissement au procès-verbal (§ 2). La deuxième seule est sanctionnée expressément par la nullité ; mais il est bien évident qu'elle n'est possible que si la première a été observée, l'hypothèse d'un faux étant inadmissible. De là, on voit qu'elles ont une importance inégale et que la première est forcément la plus importante puisqu'elle peut exister sans la seconde, tandis que la seconde ne peut exister sans la première. Cette différence nous amène à admettre des solutions diverses suivant que l'une ou l'autre ne sera pas observée.

a. — Supposons tout d'abord que le juge d'instruction ait donné l'avertissement prescrit par l'article 3 § 1, mais qu'il ait oublié de le mentionner au procès-verbal : ce sera un cas de nullité. Mais cette nullité est-elle d'ordre public ? Nous ne le pensons pas. La Cour de cassation a jugé, et nous approuvons cette jurisprudence, qu'une nullité ne doit pas produire d'effet lorsqu'il ne peut en résulter pour l'inculpé aucun préjudice (1). Or, dans ce cas, la volonté du législateur est observée ; ce à quoi il a attaché de l'importance, c'est à l'avertissement donné et non à l'acte matériel qui consiste à le constater par écrit ; s'il a sanctionné le paragraphe 2, plutôt que le paragraphe 1, c'est parce qu'il a établi une présomption de non-avertissement là où il n'y avait pas de mention, de façon à éviter à l'inculpé une preuve presque impossible à fournir ; mais il nous semblerait excessif d'appliquer la sanction sévère de la nullité à l'omission d'une formalité qui n'est plus guère qu'un acte de contrôle dès que la prescription principale a été observée. L'inculpé pourrait donc déclarer expressément que, l'avertissement lui ayant été donné, il entend ne point se prévaloir de la

(1) Voy. *infrà*, nº 90.

nullité résultant du défaut de mention et, même en l'absence de cette renonciation, nous pensons que la juridiction supérieure ne devrait point la prononcer lorsqu'il serait avéré, soit par des déclarations du prévenu, soit par tout autre moyen de preuve, que l'avertissement a bien été donné (1).

b. — Supposons maintenant que le juge ait omis de faire l'avertissement. Il nous semble que, dans ce cas, la nullité est absolue, d'ordre public et qu'elle ne peut être couverte par la ratification de l'inculpé (2). En effet, il est inadmissible qu'il puisse y renoncer, ne connaissant pas les conséquences de sa renonciation (3).

C'est important au point de vue pratique car, lorsque l'inculpé, se croyant tenu de répondre, aura fait des déclarations, il aura peut-être, déjà, fixé la conviction du juge sans le savoir ou sans connaître dans quelle mesure : il ne peut donc lui être permis d'accomplir, en renonçant, un acte dont il ne peut apprécier les conséquences préjudiciables pour lui-même. M. le juge G. Le Poittevin qui partageait tout d'abord cette opinion (4), a changé sa manière de voir et pense maintenant que l'inculpé peut couvrir la nullité résultant de la violation de

(1) *Contrà* : Leloir, *Code d'Instruction criminelle*, Introd., p. L.

(2) En ce sens même auteur, p. LII.

(3) Il est, en effet, posé en principe par la Cour de cassation qu'une renonciation ne peut intervenir utilement que si l'accusé connaît exactement l'étendue et les conséquences de sa renonciation. — Voir à ce sujet G. Le Poittevin, *Lois Nouv.*, 99.4.65 et Cass., 11 février 1841 ; *Bull. crim.*, n° 41 ; 14 mars 1846 ; S. 46.1.428 ; P. 49.1.289 ; D. 46.4.340.

(4) *Lois Nouv.*, 99.4.66.

l'article 3 § 1 (1). Il nous semble que sa première opinion était préférable.

84. — De même, lorsque le prévenu se sera présenté dès l'interrogatoire initial assisté de son défenseur et qu'à cause de cela le juge aura omis de donner l'avertissement relatif au silence, considérant que la présence de l'avocat et la communication préalable du dossier emportent renonciation de la part de l'inculpé, la nullité sera encourue (2). Le tribunal de la Seine s'est prononcé pour l'opinion contraire (3). MM. Milhaud et Monteux l'approuvent dans l'espèce parce qu'il s'agissait de prévenus libres, mais n'auraient pas admis cette thèse s'ils avaient été sous mandat d'amener. Il nous semble que même pour des prévenus libres il n'y a pas lieu de l'approuver. D'ailleurs la Cour de Paris lui a donné tort dans son arrêt du 7 avril 1898 ci-dessus rapporté (4).

85. — Si nous supposons cependant que, malgré le défaut d'avertissement par le juge, l'inculpé, connaissant les dispositions de la loi, ait déclaré qu'il refusait de répondre parce qu'il savait avoir le droit de garder le silence, il nous semble que, dans ce cas, la nullité serait couverte en vertu de ce fait qu'il n'en serait résulté pour l'inculpé aucun préjudice.

86. — 2° *Interrogatoire hors la présence du conseil non convoqué.* — Il résulte du texte même de l'article que

(1) *France judiciaire*, n° 23, 9 juin 1900, p. 200.

(2) En ce sens : Brégeault et Albanel, *Lois Nouv.*, 98.1.62.

(3) Tribunal Seine, 28 février 1898, *Le Droit*, 28 février-1er mars 1898.

(4) Voy. *suprà*, n° 23.

l'inculpé a le droit de renoncer à la convocation de son conseil. Il a donc, en vertu du principe que nous avons admis, le droit de renoncer à soulever la nullité. Mais si nous supposons que malgré le défaut de convocation, le conseil ait assisté en fait à l'interrogatoire, l'absence de tout préjudice devra faire admettre que la nullité est couverte par cela même.

87. — 3° *Défaut de communication du dossier la veille de l'interrogatoire.*— M. G. Le Poittevin compare la disposition de l'article 10 § 1, avec celle de l'article 302 § 2 du Code d'instruction criminelle qui permet au conseil de prendre communication de la procédure après l'interrogatoire de l'accusé (1). Il fait remarquer que, lorsque cette dernière disposition n'aura pas été observée et que la communication n'aura pas été faite, le seul droit de l'accusé sera de demander le renvoi de l'affaire à une autre session ; en cas de refus, il pourrait attaquer l'arrêt qui violerait ainsi les droits de la défense par un pourvoi en cassation. Si on appliquait le même système dans notre cas, l'omission de la mise du dossier à la disposition du conseil la veille de l'interrogatoire donnerait à l'avocat le seul droit de demander la remise de l'interrogatoire à une date ultérieure et, au cas de refus, entraînerait la nullité.

Mais, et c'est ce que M. G. Le Poittevin admet lui-même, la loi de 1897 a changé absolument de point de

(1) *Lois Nouv.*, 99.4.68.

vue : elle a décidé formellement que l'inobservation de ses prescriptions entraînerait la nullité et, par conséquent, celle-ci est encourue dès lors qu'un interrogatoire a eu lieu sans que la procédure ait été mise la veille à la disposition du conseil. Quand bien même celui-ci assisterait à l'interrogatoire, quand bien même lui ou l'inculpé ne formuleraient aucune réclamation relative à la non-communication, on ne saurait admettre que par ce silence la nullité est couverte : la loi est formelle.

Mais le prévenu pourrait renoncer expressément, *expressis verbis*, à se prévaloir de la nullité, car il connaît exactement l'étendue et les conséquences de sa renonciation.

D'autre part, si le conseil, au lieu de laisser la nullité se commettre, demande le renvoi de l'interrogatoire à une date ultérieure, que ce renvoi lui soit accordé et qu'il soit ensuite procédé à un interrogatoire précédé de communication, il est évident qu'aucune nullité ne sera encourue.

88. — 4° *Défaut de notification des ordonnances.* — Le défaut de notification d'une ordonnance entraîne la nullité detoute la procédure ultérieure et, pensons-nous, de l'ordonnance elle-même. Cette sanction sévère semble injustifiée à M. G. Le Poittevin (1), en ce sens qu'il n'y a pas là une prescription bien importante pour les droits de la défense. Il se base sur ce que l'inculpé ne

(1) *Lois Nouv.*, 99.4.69.

peut faire opposition qu'aux ordonnances relatives à la compétence ou à la liberté provisoire et que, précisément, celles-là ne deviennent définitives que par la notification à l'inculpé. A quoi bon alors recevoir l'avis d'ordonnances contre lesquelles on ne peut rien faire ? Nous ne pensons pas que cela soit inutile et nous avons déjà démontré quel intérêt il pouvait y avoir pour l'inculpé à recevoir notification de certaines ordonnances, en faisant également remarquer que, s'il n'existe pas contre elles de droit d'opposition, on peut admettre un recours officieux auprès du juge lui-même (1).

Quoi qu'il en soit, d'ailleurs, l'article 10 § 2 est formel. Mais il nous paraît certain que l'inculpé pourra renoncer à se prévaloir de la nullité, car il a tous les éléments pour apprécier les conséquences de sa renonciation.

NULLITÉS SUBSTANTIELLES.

89. — Nous avons admis qu'en dehors des cas de nullité énoncés par l'article 12, on devait considérer comme entraînant la sanction de la nullité toute atteinte grave à l'exercice des droits de la défense. Dans les cas qui sont de nature à se présenter le plus fréquemment, voyons quel sera le caractère de la nullité encourue.

1° *Omission d'avertir l'inculpé qu'il peut choisir un conseil.* — Il y a là formalité substantielle et, par conséquent, en cas d'inobservation, nullité du premier interrogatoire et de la procédure ultérieure. Mais, si l'in-

(1) Voy *suprà*, nos 56, 57, 58, 59, 60.

culpé, connaissant son droit, a déclaré spontanément ne pas vouloir d'avocat ou en a choisi un qui l'a dans la suite assisté, la nullité se trouvera couverte parce qu'il n'y a eu, en fait, aucun préjudice (1).

2° *Interdiction de communiquer avec le conseil.* — Bien que l'article 12 n'ait pas attaché de sanction à l'inobservation de l'article 8 § 3, il y a là une atteinte des plus graves aux droits de la défense et par conséquent nullité substantielle. L'inculpé, pouvant mesurer les conséquences de ce qu'il fait, peut certainement renoncer à s'en prévaloir.

En résumé, nous ne voyons que deux cas dans lesquels la nullité soit d'ordre public : la violation de l'article 1er et celle de l'article 3 § 2. Dans tous les autres cas la nullité pourra être ultérieurement couverte.

A QUELLES CONDITIONS LA NULLITÉ POURRA-T-ELLE ÊTRE COUVERTE ?

90. — 1° *Défaut d'intérêt.* — Il est de principe que l'omission d'une formalité substantielle n'est pas sanctionnée par la nullité lorsqu'il n'est résulté de cette omission aucun préjudice pour l'accusé. C'est ce qu'a jugé la Cour de cassation en décidant (2) que l'accusé ne peut tirer un motif de nullité du renvoi des jurés dans leur chambre arbitrairement ordonné, si cette mesure irrégulière ne l'a pas lésé. De même, dans l'hypothèse où, après une première cassation, une Cour de renvoi a sou-

(1) V. *infrà*, n° 90.
(2) Cass., 27 décembre 1873 ; *Bull. crim.*, n° 318.

mis au nouveau jury des questions déjà résolues négativement par le premier jury, la nullité qui en résulte ne peut être relevée si une réponse négative a, de nouveau, été faite sur les mêmes chefs et si la condamnation n'a été prononcée que sur les autres faits (1). Il paraît bien admissible que ce principe très général s'applique aux cas qui nous occupent. Nous nous en sommes déjà servi (2).

91. — 2º *Renonciation de l'inculpé.* — Dans toutes les hypothèses que nous avons ci-dessus étudiées, nous avons admis qu'en dehors de deux cas, l'inculpé peut renoncer à se prévaloir de son droit de demander la nullité. Mais il faut s'entendre sur la nature de cette renonciation.

A notre avis, il faut qu'elle soit *formelle*, c'est-à-dire faite *expressis verbis* et en connaissance de cause. Lorsque cette condition sera réalisée, on pourra être certain que la volonté de l'inculpé n'est pas douteuse.

Ne pas lui reconnaître la faculté de renoncer eût été aller contre l'esprit de la loi : nous en avons démontré les inconvénients ; au contraire, la lui reconnaître n'a que des avantages : lorsqu'avec son défenseur il aura examiné ce qu'il est préférable de faire il optera dans un sens ou dans l'autre en prenant le parti le plus avantageux. Cependant, un inconvénient pourrait se présenter et MM. Milhaud et Monteux l'ont parfaitement mis en

(1) Cass., 15 mai 1856 ; *Bull. crim.*, nº 176.
(2) Voy. *suprà*, nºs 83, 85, 86, 89.

lumière (1) : « Cette solution pourra paraître critiquable et dangereuse si l'on suppose que la ratification de l'inculpé intervient précisément dans un interrogatoire au début duquel l'inculpé aura consenti à répondre, bien que son conseil n'ait pas été convoqué. Seulement, que l'on remarque bien que la loi n'est pas défectueuse en ce qu'elle permet à l'inculpé de renoncer à invoquer la nullité pour omission de formalités prescrites dans son seul intérêt. Elle est critiquable de n'avoir pas interdit la possibilité de faire cette renonciation en l'absence du conseil. Dans une réforme de la loi, le législateur ne devrait permettre la faculté, pour l'inculpé, de renoncer à se prévaloir des diverses causes de nullité qu'en présence de son conseil. » Nous ne pouvons qu'approuver cette critique : une addition législative serait évidemment nécessaire.

92. — De ce qui précède il résulte que jamais l'inculpé ne peut être présumé avoir renoncé à se prévaloir d'une nullité et qu'on n'a pas le droit de l'induire de son silence (2). Cependant un arrêt de la Cour de Paris du 9 mai 1898, dont nous avons déjà parlé (3), décide : « que les autres nullités (que celles résultant de la violation de l'article 1er), qui visent, non le jugement mais les procédures et résultent de l'omission de formalités, protectrices il est vrai, mais auxquelles le prévenu peut

(1) *Op. cit.*, p. 288.
(2) Cass., 31 juillet 1845, *Bull. crim.*, n° 247.
(3) Voy. *suprà*, n° 80.

renoncer, sont d'ordre relatif et peuvent être couvertes par la volonté *expresse ou tacite* de ce dernier. » M. G. Le Poittevin fait remarquer (1) que, si l'on admet ce principe, il faut décider : 1° que devant le Tribunal correctionnel la nullité doit être proposée *in limine litis* ; 2° que jamais elle ne peut être prononcée d'office.

93. — MM. Milhaud et Monteux vont plus loin (2) et admettent que chaque interrogatoire fait avec l'assistance du défenseur auquel communication aura été faite la veille couvrira, lorsqu'il se sera passé sans réclamation, les nullités antérieures. Cette opinion ne nous paraît pas devoir être admise.

94. — Selon nous, jamais on ne devra interpréter le silence de l'inculpé comme une ratification, quand bien même ce silence se serait prolongé jusque devant la juridiction de jugement (3). C'est ainsi qu'en a jugé la Cour de cassation sur pourvoi formé contre l'arrêt de Paris du 9 mai 1898 susénoncé (4) : « Attendu que la Cour d'appel a refusé de prononcer la nullité en se fondant sur ce que le demandeur ne l'ayant pas opposée en première instance, avait, par cela même, manifesté l'intention d'y renoncer ; — Mais attendu qu'en principe, et sauf les exceptions résultant d'un texte, les nullités qui n'ont pas été opposées en première instance peuvent néanmoins l'être en appel ; que, sans doute, le deman-

(1) *Lois Nouv.*, 99.4.64.
(2) *Op. cit.*, p. 240-241.
(3) *Contrà* : Leloir, *Code d'Instruction criminelle*, Introd., p. LII.
(4) Cass., 25 juin 1898, *Lois Nouv.*, 99.4.67.

deur aurait pu renoncer expressément à se prévaloir de la nullité résultant du défaut de communication des susdites ordonnances ; *mais que cette renonciation, contraire à ses intérêts, ne saurait être présumée à raison du silence qu'il a gardé* en première instance et qui peut s'expliquer par d'autres motifs ; d'où il suit que l'arrêt attaqué viole les articles 10 et 12 de la loi du 8 décembre 1897 ; Casse.

La nullité peut-elle être proposée pour la première fois devant la Cour d'appel ?

95. — Il résulte clairement de l'arrêt de cassation que nous venons de rapporter que c'est à tort que la Cour de Paris avait décidé que la nullité ne pouvait être soulevée en appel pour la première fois (1). La Cour d'Orléans, devant laquelle cette même affaire fut renvoyée, se prononça dans le même sens que la Cour de cassation (2).

96. — Mais, lorsque la nullité est soulevée en appel soit pour s'en prévaloir, soit pour demander acte de ce qu'on renonce à l'invoquer, à quel moment doit-on placer l'incident ? Est-ce tout à fait au début ou après la lecture du rapport ? La Cour de cassation décide que le rapport doit précéder tout débat (3) : « Attendu qu'aux termes de l'article 309 précité, l'appel doit être jugé sur le rapport d'un conseiller ; — que ce rapport, premier élé-

(1) En notre sens : Dagallier et Bazenet, *op. cit.*, p. 188 ; *Contrà*, Conclusions de la 1re section de la Société des Prisons : *Revue pénit.*, 1899, D. 372.

(2) *Pand. franç.*, 99.2.312. Dans le même sens, Rennes, 19 janvier 1898, D 98.2.251.

(3) *Aff. Taboué*, 16 juin 1898, *Lois Nouv.*, 99.4.70.

ment du débat oral, a pour but de faire connaître aux juges d'appel tous les éléments qui ont servi de base à la décision des juges de première instance, et de les mettre en état d'apprécier si elle doit être maintenue ou réformée ; qu'il constitue une formalité substantielle dont l'observation est exigée à peine de nullité, soit qu'il s'agisse de juger sur le fond du procès, soit qu'il y ait lieu de prononcer sur une question préjudicielle ;

« Attendu, en fait, qu'à l'appel de la cause et sur l'interpellation du président, le prévenu a déclaré renoncer formellement à se prévaloir de l'inobservation, au cours de l'instruction écrite, des formalités prescrites à peine de nullité par la loi du 8 décembre 1897 ; que le ministère public, également intéressé, a cru devoir formuler la même renonciation et qu'un arrêt incident, *sans vérifier d'ailleurs si une renonciation pouvait s'appliquer indistinctement à toutes les nullités prévues par la loi précitée*, leur a donné acte et ordonné qu'il serait passé outre à l'examen du fond ;

« Attendu que la question tranchée par cet arrêt incident était essentiellement préjudicielle ; qu'elle ne pouvait, dès lors, être régulièrement débattue et jugée qu'après le rapport d'un conseiller ; mais que cette formalité n'a pas été accomplie ; en quoi il y a eu violation de l'article 209 susvisé. »

Remarquons, en passant, que la Cour met en doute qu'on puisse renoncer indistinctement à toutes les nullités.

La nullité peut-elle être invoquée pour la première fois devant la Cour de cassation ?

97. Il faut envisager deux hypothèses:

1° *L'arrêt attaqué est un arrêt de Cour d'assises.* — Il paraît évident que le condamné ne pourra plus se prévaloir de la nullité tirée de l'inobservation des prescriptions de la loi lorsqu'il ne se sera pas pourvu contre l'arrêt de renvoi. C'est ce qu'a jugé la Cour de cassation le 7 janvier 1899 sur pourvoi formé contre un arrêt de la Cour d'assises de l'Aude (1).

2° *L'arrêt attaqué est un arrêt de Cour d'appel.* — La loi du 29 avril 1806 déclare dans son article 2 : « Le prévenu, en matière correctionnelle, ne sera pas recevable à présenter comme une fin de cassation les nullités commises en première instance et qu'il n'aurait pas opposées devant la Cour d'appel, en exceptant seulement les nullités pour cause d'incompétence. » « La jurisprudence, déclare M. G. Le Poittevin, a été fixée en ce sens que lorsqu'une nullité commise dans l'instruction préparatoire n'a été proposée ni devant le tribunal correctionnel ni devant la Cour d'appel, le prévenu ne peut pas s'en faire un grief devant la Cour de cassation, contre l'arrêt de condamnation (2). »

Un arrêt récent vient à l'appui de son dire : « Attendu, au surplus, que le moyen de pourvoi (violation de l'art. 1),

(1) *Lois Nouv.*, 99.4.62.

(2) Cass., 12 juillet 1877, B. 162 ; 30 septembre 1886, B. 340 : 30 juin 1888, B. 247 ; 19 février 1891, B. 40 ; 29 février et 4 novembre 1892, B. 118 et 277 ; 24 juin 1893, B. 167 ; 15 mai 1896, B. 109.

fût-il fondé en lui-même, n'a point été opposé devant la Cour d'appel et que, dès lors, il doit être déclaré non recevable par application de la loi du 29 avril 1806... » (1).

Pour nous, nous ne pensons pas que la Cour de cassation ait raison de statuer ainsi ; l'application constante qu'elle fait de cette loi antérieure au Code d'instruction criminelle ne nous satisfait guère et nous pensons que toutes les nullités, quelles qu'elles soient, dès lors qu'elles sont d'ordre public, doivent pouvoir être invoquées toujours et doivent être soulevées d'office : le fait qu'elles intéressent l'ordre public n'est-il pas suffisant en lui-même pour que la juridiction supérieure ne reste pas désarmée devant elles ?

Aussi pensons-nous, contrairement à la jurisprudence, que les nullités résultant de la violation de l'article 1er (2) et de l'article 3 de la loi du 8 décembre 1897, doivent pouvoir être invoquées en tout état de cause et soulevées pour la première fois devant la Cour de cassation.

SECTION III. — **Etendue de la nullité.**

98. — L'article 12 est formel : « Seront observées, à peine de nullité *de l'acte* et *de la procédure ultérieure* les dispositions prescrites par les articles... ». Celà indique donc bien clairement que toutes les fois qu'une des prescriptions de la loi n'aura pas été observée, la nul-

(1) Crim. *Rejet*, 27 janvier 1899, D. 99.1.240.
(2) En ce sens : Brégeault et Albanel, *Lois Nouv.*, 98.1.96.

lité s'étendra non seulement à l'acte vicié, mais à tout ce qui s'ensuivra ; ce qui est assez logique, une procédure constituant une véritable chaîne d'actes dans laquelle un chaînon, venant à manquer, entraîne la ruine de tout le le système.

Appliquons maintenant ce principe à chacun des cas de nullité prévus par la loi.

1° VIOLATION DE L'ARTICLE 1er.

99. — L'acte nul sera le jugement ou l'arrêt rendu contrairement aux dispositions de la loi. La signification de ce jugement ou les actes d'exécution subséquents constituant une procédure ultérieure seraient également frappés de nullité.

2° VIOLATION DE L'ARTICLE 3 § 2.

100. — Lorsque le juge d'instruction aura omis de mentionner l'avertissement à l'inculpé qu'il est libre de ne faire aucune déclaration, le procès-verbal de première comparution sera nul et tous les actes ultérieurs le seront également.

3° VIOLATION DE L'ARTICLE 9 § 2.

101. — Il en sera de même du procès-verbal d'interrogatoire ou de confrontation lorsque le conseil n'aura pas été appelé ou n'y aura pas assisté et que l'inculpé n'aura pas renoncé à sa présence. L'invalidité de cet acte entraînera celle de tous ceux qui pourraient suivre.

4° VIOLATION DE L'ARTICLE 10.

102. — Dans cet article, nous trouvons deux dispositions. L'une, relative à la mise de la procédure à la disposition du conseil la veille de tout interrogatoire, ne soulève aucune difficulté. La nullité s'étendra à l'interrogatoire non précédé de communication et à toute la procédure ultérieure.

103. — Mais une difficulté se présente au sujet de la seconde prescription : obligation de donner immédiatement connaissance au conseil de toute ordonnance du juge. Il est bien certain que l'inobservation de cette prescription viciera toute la procédure ultérieure ; mais que dire de l'acte lui-même ? En effet, alors que, dans dans toutes les hypothèses déjà étudiées, le vice était concomitant ou précédent à l'acte et par conséquent l'invalidait, soit en lui-même (art. 1, art. 3, art. 9), soit en lui soustrayant la base sur laquelle il aurait pu s'appuyer (communication préalable) ; ici, au contraire, il est postérieur ; de sorte que l'acte, valable en soi, deviendrait nul par le non-accomplissement d'une formalité subséquente.

104. — La jurisprudence n'a vu, dans cette question, aucune difficulté, et n'a pas hésité à déclarer l'acte nul : « Attendu que les articles 10 et 12 de la loi du 8 décembre 1897 prescrivent à peine de nullité la signification de l'ordonnance au conseil de l'inculpé ; que cette prescription n'a pas été observée ; — Par ces motifs : annule l'ordonnance de renvoi (1)... » — « Considérant qu'aux termes de l'article 12, la sanction de l'inobservation de

(1) Trib. Seine, 22 décembre 1897 ; *Journ. Parq.*.98.2.1. — *Lois Nouv.*, 98.4.40.

la formalité exigée par l'article 10 est la nullité de l'acte et de la procédure ultérieure (1)... » — « Attendu que l'ordonnance de soit-communiqué du 17 décembre 1897 et l'ordonnance de renvoi, du 19 décembre du même mois, n'ont été portées à la connaissance d'aucun conseil.... Attendu que les prescriptions des articles 10..... sont prescrites à peine de nullité de l'acte et de la procédure ultérieure ; — Par ces motifs ; déclare nulle l'ordonnance de soit-communiqué du 17 décembre 1897 et l'ordonnance de renvoi du 19 décembre, même année (2). »

Comme on le voit, les tribunaux n'ont même pas songé qu'une difficulté pouvait s'élever à ce sujet et dans ces trois décisions, que nous avons choisies à dessein parce qu'elles sont les premières, le sens de la jurisprudence a été tout de suite bien déterminé (3).

105. — L'opinion adverse a été soutenue par M. Atthalin, alors procureur de la République près le Tribunal de la Seine, dans une requête adressée à la Chambre des appels correctionnels de Paris, à la suite de l'appel qu'il avait formé contre le jugement du 22 décembre 1897 susénoncé..... « Si la nullité était encourue dans l'espèce, dit la requête, elle n'aurait, dans aucun cas pour effet de réfléchir sur l'ordonnance de renvoi pour omission d'une formalité qui n'aurait dû être remplie

(1) C. Paris, 6 janvier 1898 ; *Journ. Parq.*, 98.2.5. — *Lois Nouv.*, 98.4.43.

(2) Ch. d'acc. Caen, 28 décembre 1897 ; *Journ. Parq.*, 98.2.7. — *Lois Nouv.*, 98.4.46.

(3) Voy. autres décisions, *infrà*, n° 114.

que postérieurement à la signature de cette ordonnance, elle affecterait uniquement la procédure ultérieure..... L'ordonnance, même non encore portée à la connaissance du conseil, existe donc par elle-même, indépendamment de la notification qui peut la suivre. En matière tant civile que criminelle, les jugements, arrêts, ordonnances du juge sont des documents distincts des actes de notification auxquels ils peuvent donner lieu ; la notification peut influer sur leur caractère définitif et sur l'exercice des voies de recours ; elle n'influe jamais sur les conditions intrinsèques de leur validité (1). »

106. — M. le juge G. Le Poittevin qui soutient la même théorie invoque divers arguments qu'il est intéressant d'examiner :

« D'après les règles de notre procédure criminelle, dit-il (2), le défaut de notification d'un acte n'entraîne jamais la nullité de l'acte lui-même, quelle que soit l'importance de cette notification. » Et il invoque ce fait que l'omission de notification de l'arrêt de renvoi et de l'acte d'accusation n'entraîne pas la nullité de ces actes. Cet argument ne nous paraît pas décisif car, précisément, le législateur semble bien avoir dérogé aux principes généraux de la procédure criminelle, non pas en ce qu'il ordonne une notification immédiate comme le pensent, à tort selon nous, MM. Milhaud et Monteux ; mais en ce que l'article 12 est formel dans ses termes en déclarant

(1) *Lois Nouv.*, 98.4.41.
(2) *Lois Nouv.*, 99.4.45.

nuls *l'acte* et *la procédure ultérieure* et non pas seulement la procédure ultérieure.

M. G. Le Poittevin répond que dans l'élaboration de cet article, le législateur a eu son attention plus particulièrement attirée sur l'inobservation de l'article 9 § 2; mais il est bien difficile de pouvoir affirmer une chose semblable, alors qu'aucun élément ne permet d'étayer cet argument qui ne reste qu'une supposition.

107. — « Il est d'ailleurs absolument certain, ajoute M. Le Poittevin, que la formule employée n'a pas entendu viser spécialement les cas de nullité prévus par l'article 10 ; en effet, l'article 12 range au nombre des cas de nullité le fait de ne pas mettre la procédure à la disposition du conseil la veille de l'interrogatoire (art. 10 § 1). Or, il est bien certain que, dans cette hypothèse, la nullité ne peut atteindre que des actes postérieurs, notamment l'interrogatoire non précédé de communication. » A notre avis, l'éminent auteur fait là une confusion. Il considère cet interrogatoire comme une *procédure postérieure*, alors qu'en réalité il constitue l'*acte* lui-même. En effet, à quoi serait-il postérieur puisque rien ne l'a précédé ? .....Il en serait autrement si la communication du dossier avait été faite la veille, car alors, il serait *postérieur à la communication* et d'ailleurs valable par cela même. Mais comment peut-on dire qu'un acte est postérieur à un événement qui ne s'est pas produit? ...C'est ce que l'esprit ne peut concevoir.

Donc, dans cette hypothèse, il faut dire que l'interrogatoire est nul en tant qu'acte et non en tant que procédure ultérieure. Le vice est inhérent à l'acte : l'acte est incomplet en ce sens que le terrain sur lequel il devait s'appuyer et qui est la communication préalable du dossier à l'avocat, lui manque ; et qu'il n'est pas plus valide qu'une maison dont on aurait négligé de faire les fondations. L'argument nous semble donc plutôt se retourner contre son auteur.

108. — Partant de ce point de vue dont nous venons de démontrer la fragilité, M. G. Le Poittevin étend sa règle par analogie à l'article 10 § 2 et décide : « que le défaut d'avis d'ordonnance rendue viciera le premier acte quel qu'il soit, qui interviendra et, de plus, tous ceux qui suivront ; et qu'il est certain qu'il restera sans influence sur l'ordonnance non portée à la connaissance du conseil. » Et à l'appui de cette décision, il ajoute que la loi n'ayant pas prescrit un délai fixe pour la notification, la nullité n'apparaît qu'au moment où il est procédé à un acte nouveau et que c'est cet acte que la loi veut atteindre (1). Mais en quoi la non-fixation d'un délai permet-elle de décider que la loi a voulu atteindre tel ou tel acte ? Il nous semble bien (et c'est ce que nous allons étudier dans un instant), que la nullité n'est encourue qu'au moment où l'on fait un acte postérieur ; mais rien n'autorise à dire que la nullité ne s'applique pas pour cela à l'acte vicié. Elle ne s'exerce pas instantanément, voilà tout ;

(1) En ce sens Leloir, *L'Instruction préalable* ; *France judic.*, 98.1.20.

mais qu'importe que son effet soit retardé jusqu'à un acte ultérieur ? Cela ne l'empêche pas de se produire tout entier. A notre avis, l'acte est valable sous une condition suspensive qui est sa notification avant tout acte ultérieur : il a donc une validité provisoire tant que la procédure est en suspens ; mais, lorsqu'un acte subséquent survient sans que la notification ait été faite, cela constitue une défaillance de la condition qui anéantit rétroactivement l'acte vicié.

109. — Cependant, la plupart des adversaires de M. G. Le Poittevin ne semblent pas partager, à cet égard, l'opinion que nous venons d'exprimer en dernier lieu : ils combattent l'argument tiré de l'absence de délai fixe en déclarant que, à leur avis, il y a véritablement un délai mais que ce délai est d'un genre spécial et restreint le laps de temps à tout le minimum possible, qu'en un mot la notification doit se confondre avec l'ordonnance : « L'article 10 prescrit une notification immédiate et pour ainsi dire concomitante... », déclarent MM. Milhaud et Monteux (1). Cet argument que nous considérons comme mauvais est d'ailleurs retorqué par M. Le Poittevin qui démontre facilement l'impossibilité d'obtenir qu'aucun trait de temps ne s'écoule entre le moment où l'ordonnance est rendue et celui où elle est notifiée : « il s'écoulera toujours, à raison des nécessités matérielles, un délai qui variera entre quelques minutes et quelques heu-

(1) *Op. cit.*, p. 292.

res : est-il admissible que ces quelques instants de retard apportés à l'envoi de la lettre soient une cause de nullité ? » De même M. Leloir : «... Si on prenait cette formalité à la lettre en y attachant la sanction de l'article 12, toute ordonnance serait nulle au moment même où elle vient d'être signée. Sous peine de tomber dans l'absurde, il faut bien admettre un tempérament et reconnaître qu'un temps quelconque s'écoulera entre la signature de l'ordonnance et l'envoi de la lettre chargée. A quel moment dès lors l'ordonnance passera-t-elle de l'état de validité à celui de nullité ? Sera-ce au bout d'une heure, d'un jour ou d'une semaine (1) ? »

110. — A notre avis, les uns comme les autres se sont mépris sur le sens du mot *immédiatement*.

Immédiatement ne veut pas dire *instantanément*. Un acte est immédiat à un autre lorsqu'il n'en est pas séparé par un acte intermédiaire *de même nature*, lorsqu'il est lui-même *in medio*, c'est-à-dire entre l'acte initial et un troisième qui se produira dans la suite ; mais il faut, bien entendu, que ces actes aient un rapport de nature entre eux : on ne peut compter ensemble des choses de nature différente. C'est ainsi que la notification d'une ordonnance ne sera pas séparée de cette ordonnance lorsqu'entre les deux actes le greffier aura dû s'absenter pour déjeuner, car, dans ce cas, le fait de prendre un repas n'a absolument aucun rapport, proche ou éloigné,

(1) Leloir, *loc. cit.*

avec le fait de faire un acte de procédure. Bien plus, nous estimons que si, entre la signature d'une ordonnance et sa notification, un juge d'instruction fait des actes dans une autre affaire à lui confiée, on ne pourra pas dire que la notification n'a pas été immédiate, puisque les actes intermédiaires n'avaient aucun rapport avec la procédure visée. En un mot, nous pensons qu'est immédiat à un acte, un second acte qui n'a pas été séparé du premier par un acte intermédiaire ayant rapport à la même procédure ; de sorte que l'écoulement d'un plus ou moins grand laps de temps est indifférent et qu'une ordonnance peut être valablement signifiée plusieurs jours après sa signature si aucun autre acte n'a été fait dans l'intervalle.

111. — D'une façon générale, et pour résumer tout ce débat, voici comment nous comprenons la portée de l'article 10 § 2, en ce qui concerne l'étendue de la nullité :

Nous concédons à MM. G. Le Poittevin et Leloir que la nullité ne sera encourue que lorsqu'un acte postérieur sera fait, car, jusque-là, la notification, comme nous croyons avoir réussi à le démontrer, pourra être valablement faite : *elle sera encore immédiate*.

Mais, lorsque cet acte ultérieur sera fait, alors la nullité sera encourue, non seulement eu égard à cet acte ultérieur; mais aussi à l'égard de l'ordonnance non notifiée car la survenance de l'acte ultérieur empêche la notification (qui, sans cela, ne serait plus immédiate). Or cette notification étant une condition nécessaire de la validité de l'ordonnance, l'impossibilité de la réaliser en entraînera la nullité définitive.

112. — A cette théorie qui nous paraît la seule juridiquement exacte, nos adversaires font une critique de fait qui nous semble sérieuse. Quel sera le résultat pratique ? — Lorsque la juridiction supérieure (le tribunal correctionnel suivant les uns, la Chambre des mises en accusation suivant les autres) prononcera la nullité, en quoi l'annulation de l'ordonnance elle-même procurera-t-elle un avantage à l'inculpé ? Le greffier sera obligé de recopier l'acte, ce qui entraînera des pertes de temps, un surcroît de travail et une prolongation de la prison préventive...

A notre avis, ils ont le tort de n'envisager que la nullité résultant de la non-notification de l'ordonnance de renvoi : en ce qui la concerne, en effet, la nécessité pratique est contestable. On pourrait néanmoins trouver une utilité dans ce fait que si on annule l'ordonnance, la seconde ne sera peut-être pas la même que la première ; la conviction du juge a pu changer depuis qu'il s'est dessaisi du dossier, un élément inconnu de conviction a pu survenir et sa nouvelle ordonnance sera peut-être plus favorable à l'inculpé. C'est ainsi qu'ayant rendu tout d'abord une ordonnance de renvoi en police correctionnelle il se peut qu'il rende ensuite une ordonnance de non-lieu (1). Néanmoins, nous ne nous dissimulons pas

(1) Dans le cas où il s'élèverait une difficulté sur la question de savoir

que cette hypothèse est improbable et ce n'est pas seulement là-dessus que nous basons notre opinion. Mais il y a d'autres ordonnances pour lesquelles l'utilité de notre système paraît davantage.

Supposons une ordonnance de commission d'expert non notifiée au défenseur. Si on adopte le système de nos adversaires, il suffira au juge, pour régulariser sa procédure viciée, de faire la notification alors que l'expert aura déjà commencé son travail ou même, peut-être, l'aura terminé, de sorte que celui-ci n'aura qu'à recopier son rapport annulé. Au contraire, si l'ordonnance elle-même est annulée, conformément à notre système, le juge devra en rendre une nouvelle et c'est alors que le défenseur pourra faire, auprès du magistrat, les démarches dont nous avons parlé déjà, relatives au choix de l'expert et demander qu'il en soit désigné un autre s'il existe quelque raison sérieuse de suspecter son impartialité, qu'on n'ait pu faire valoir lors de la première ordonnance à cause du défaut de notification.

113. — Mais en admettant qu'on puisse contester la vraisemblance de cette hypothèse qui, nous devons le reconnaître, ne sera pas fréquente, il ne faut pas oublier que la loi est formelle et que le défaut d'intérêt ne saurait prévaloir contre un texte aussi précis : « L'article 12,

jusqu'à quel point le même juge peut statuer deux fois dans une même affaire, nous modifierons notre raisonnement en ce sens que ce serait un autre juge qui rendrait la deuxième ordonnance ; mais ce serait alors une chance de plus pour que la conviction du second ne soit pas la même que celle du premier.

texte brutal et impérieux, dit M. Olier (1), dispose que l'article 10 doit être observé à peine de nullité : 1° de l'acte ; 2° de la procédure postérieure. De quel acte ? De celui qui a violé la loi, c'est-à-dire de l'ordonnance non portée à la connaissance du conseil. Dans la thèse opposée on n'annule que la procédure ultérieure et on maintient l'acte. Mais on n'a pas le droit de faire cette séparation ; il faudrait, pour y être autorisé, que l'article 12 laissât une option..... Le mot acte ne se réfère pas seulement aux hypothèses de l'article 3 § 2 et 9 § 2, il a un sens très général et vise aussi bien le paragraphe 2 que le paragraphe 1 de l'article 10. »

114. — La jurisprudence s'est prononcée unanimement dans notre sens (2).

Néanmoins, et conformément à l'opinion intermédiaire que nous avons soutenue, à savoir que tant qu'il n'a pas été fait un acte ultérieur l'ordonnance peut être valablement notifiée, nous ne saurions approuver un arrêt de la Cour de Paris du 22 juillet 1898 (Ch. d'accusation) qui décide que, lorsqu'un juge d'instruction n'a pas notifié son ordonnance de soit communiqué et que le parquet a saisi la Chambre des mises en accusation pour décider

(1) *Op. cit.*, p. 88.

(2) Caen, 28 décembre 1897, *Journ. Parq.*, 98.2.7, *Lois Nouv.*, 98.4.46 ; Lyon, 5 janvier 1898, *Journ. Parq.*, 98.2.21, *Lois Nouv.*, 98.4.50 ; Paris, 6 janvier 1898, *Journ. Parq.*, 98.2.5, *Lois Nouv.*, 98.4,43 ; Aix, 6 janvier 1898, *Journ. Parq.*. 98 2.22, *Lois Nouv.*, 98.4.50 ; Rennes, 12 janvier 1898, *Journ. Parq.*. 98.2.24 ; Caen. 20 janvier 1898, *Journ. Parq.*, 98.2.23 ; Lyon, 26 janvier 1898. *Journ. Parq.*, 98.2.27 ; *Lois Nouv.*, 98.4.51 ; Paris, 7 avril 1898, D. 98.2.211 ; Paris, 22 juillet 18:8, *Lois Nouv.*,99.4.37 ; Paris, 7 mars 1899, *Journ. Parq.*, 99.2.106.

que la notification doit être faite, il y a lieu d'annuler cette ordonnance. En effet, c'est l'application de la théorie qui fait résulter la nullité de *défaut d'avis concomitant.* Aucun acte n'a été fait depuis que l'ordonnance de soit communiqué a été rendue et nous croyons, conformément à ce que nous avons essayé de démontrer, qu'il n'y avait pas lieu d'annuler l'ordonnance mais simplement de décider qu'il était nécessaire de la signifier au conseil de l'inculpé.

Mais, d'une façon générale, nous pensons que la disposition de l'article 12 est formelle, qu'il est arbitraire de l'appliquer à un cas de nullité plutôt qu'à un autre et que toujours l'acte non signifié et la procédure ultérieure sont également frappés de nullité.

SECTION IV. — **Effets de la nullité.**

115. — Nous venons d'étudier de quelle nature est la nullité et quelle est son étendue. Nous arrivons maintenant au point le plus délicat et le plus embrouillé de la question : lorsqu'un acte est entaché d'un vice, qui est-ce qui a le droit de s'en prévaloir et quelle est la juridiction compétente pour prononcer la nullité de l'acte ?

Nous devons, pour apporter un peu d'ordre dans une discussion déjà suffisamment complexe, distinguer, dans la procédure, deux phases bien définies : 1° la période de l'instruction qui va de l'inculpation à l'ordonnance de clôture ; — 2° la période postérieure à cette ordonnance.

Suivant que la nullité est soulevée dans l'une ou dans l'autre de ces phases, les règles sont différentes, de l'avis de beaucoup d'auteurs du moins ; nous diviserons donc cette étude en deux parties distinctes.

1re PÉRIODE. — **Nullité soulevée au cours de l'instruction.**

JURIDICTION COMPÉTENTE. — CHAMBRE DES MISES EN ACCUSATION.

116. — Il y a, dans le cours de l'instruction, deux sortes d'actes qui peuvent se trouver entachés de nullité : 1° les ordonnances ; 2° les autres actes (procès-verbaux dans la rédaction desquels les formes exigées par la loi n'ont pas été observées).

Il n'y a pas de doute que, lorsqu'il y a lieu de faire prononcer la nullité d'une ordonnance, c'est la Chambre des mises en accusation qui est compétente : l'article 135 du Code d'instruction criminelle lui donne formellement ce pouvoir et il n'y a là qu'une application des principes généraux du droit criminel. Mais les auteurs ont, en général, vu une difficulté lorsque l'acte attaqué n'est pas une ordonnance, par exemple : un interrogatoire. « Les interrogatoires que l'inculpé veut faire annuler, disent MM. Milhaud et Monteux (1), ne constituent pas des ordonnances ; la Chambre des mises en accusation n'a donc pas pouvoir pour les annuler. »

(1) *Op. cit.*, p. 299.

Il est certain que l'article 135 du Code d'instruction criminelle ne s'explique pas et ne pouvait s'expliquer à ce sujet. Aussi peut-on voir là une difficulté ; mais, tout en la constatant, ces auteurs ne se prononcent pas sur une solution : ils indiquent simplement un procédé détourné et ingénieux de M. Leloir (1) pour saisir la Chambre des mises en accusation : l'inculpé qui voudrait attaquer la validité d'un interrogatoire s'adresserait au Procureur de la République et lui exposerait sa réclamation. Le Procureur *pourrait* alors demander au juge de lui communiquer son information après avoir rendu au préalable une ordonnance de soit-communiqué. A cette ordonnance le Procureur ferait opposition devant la Chambre des mises en accusation qui serait alors saisie. Une jurisprudence récente de la Cour de cassation vient de consacrer ce système : « Attendu que. . le juge d'instion doit communiquer sa procédure au Procureur de la République, à l'effet de saisir, par voie d'opposition à l'ordonnance de soit-communiqué, la Chambre des mises en accusation à qui il appartient de statuer et d'ordonner la suppression, du dossier, des actes déclarés nuls et de la procédure qui les a suivis (2)... »

Mais il est presque superflu de faire remarquer combien ce procédé est illusoire, puisqu'il laisse l'inculpé à la discrétion du Procureur de la République, son adversaire et qu'il les laisse l'un et l'autre à la discrétion du

(1) *Code d'instruction criminelle*, p. 65.

(2) Cass., 8 décembre 1899, *France Judiciaire*, 1900. 2.2 .

juge d'instruction, qui n'est pas obligé de rendre d'ordonnance de soit-communiqué et qui n'y consentira peut-être pas. Il est bien certain que, lorsque la nullité sera évidente, le juge d'instruction ne refusera pas de communiquer, ni le ministère public de requérir l'annulation : c'est le premier devoir des magistrats de respecter la loi et il n'y a pas à craindre qu'ils y manquent; mais c'est lorsqu'il y a contestation sur la nullité que les défauts de ce système apparaissent. Si l'inculpé prétend qu'un interrogatoire est nul et que ce ne soit pas l'avis du Procureur de la République, celui-ci ne fera pas de recours. Il est donc vrai de dire que l'inculpé est à la merci de son adversaire.

117. — A notre avis, il n'y a pas de doute que la Chambre de mises en accusation ait plein pouvoir pour annuler les actes du juge d'instruction autres que des ordonnances. Ce n'est pas l'article 135 seul qu'il faut aller rechercher, mais l'article 135 combiné avec l'article 12 de la loi du 8 décembre 1897. L'article 135 donnait à la Chambre des mises en accusation le droit d'annuler des ordonnances à l'époque où on ne pouvait attaquer que des ordonnances; mais la loi du 8 décembre 1897 a apporté de nouveaux principes, d'autres actes peuvent désormais être annulés et doivent par conséquent tomber sous le droit général de contrôle de la Chambre des mises en accusation.

D'ailleurs, il n'est pas contesté qu'en annulant une ordonnance la Chambre des mises en accusation n'ait le droit d'annuler la procédure ultérieure, laquelle peut être constituée par des actes de nature différente. Elle peut donc annuler toute espèce d'actes et il importe peu que ces actes soient subséquents à une ordonnance annulée ou qu'ils soient isolés, à condition qu'ils soient eux-mêmes susceptibles d'être annulés, soit en vertu des dispositions de l'article 12, soit en vertu de l'application de la théorie des nullités substantielles. La Cour de cassation s'est, d'ailleurs, prononcée contre notre opinion (1).

CONDITIONS DE RECEVABILITÉ.

118. — La Chambre d'accusation est donc souveraine pour connaître des nullités de toutes sortes commises dans le cours de l'instruction ; mais lorsqu'il s'agit de rechercher les conditions de recevabilité de la demande en nullité, d'autres difficultés surgissent.

En effet, la loi du 8 décembre 1897 n'a pas songé à indiquer dans quels délais et par quels moyens la nullité serait soumise à la juridiction qui doit en connaître. Nous venons de voir qu'à certains égards, on pouvait suppléer aux dispositions de l'article 135 du Code d'instruction criminelle sans cependant aller à son encontre ; mais il contient certaines dispositions impératives qui, contradictoires avec l'esprit de la loi du 8 décembre 1897, vont nous placer dans l'alternative de violer l'un ou l'autre.

L'article 135 décide que les ordonnances du juge d'ins-

(1) Voy. *infrà*, n° 127.

truction peuvent être attaquées par la voie de l'appel ou, autrement dit, de l'opposition devant la Chambre des mises en accusation. Mais, désormais, ce ne sont pas seulement des ordonnances, mais aussi des procès-verbaux dont on peut invoquer la nullité. Il est bien certain qu'on ne peut faire appel que d'une décision de justice ; ce n'est donc pas, lorsqu'il s'agira de procès-verbaux, par cette voie qu'on opérera. De là, nous devons faire une distinction entre les deux catégories d'actes.

119. — 1° *L'acte vicié est une ordonnance.* — La seule voie de recours est l'opposition.

Mais il nous faut, maintenant, faire une sous distinction suivant l'étendue du droit d'opposition par rapport aux diverses personnes qui peuvent l'exercer.

D'après l'article 135, le Procureur général et le Procureur de la République peuvent faire opposition à toute espèce d'ordonnances pourvu qu'elle soit formée, pour le premier dans le délai de 10 jours de l'ordonnance rendue, pour le second dans le délai de 24 heures.

Quant au prévenu, il ne peut faire opposition qu'à deux sortes d'ordonnances : celle qui repousse une demande de mise en liberté provisoire ou en fixe les conditions et celle qui statue sur une question de compétence. De plus, il ne jouit que du délai fort court de 24 heures à dater de la signification.

De là, on voit tout de suite à quelles difficultés va se trouver soumis le recours du prévenu : on se heurte à l'article 135 qui n'autorise l'opposition que dans les deux cas susindiqués ; de sorte que l'inculpé qui se plaint d'une irrégularité commise dans une ordonnance de soit-communiqué ou de renvoi, ne pourra employer la voie de l'opposition. La jurisprudence a rapidement admis cette solution : en effet, le 20 décembre 1897, la Cour de Douai rendait un arrêt en ce sens (1) : « Attendu que l'article 135 du Code d'instruction criminelle, auquel il n'a été dérogé par aucune loi postérieure, ne permet au prévenu de former opposition aux ordonnances le concernant que dans les cas prévus par les articles 114 et 539 du même Code, c'est-à-dire quand il demande sa mise en liberté provisoire ou quand il décline la compétence du juge d'instruction ; que, par suite, l'opposition n'est pas recevable. » MM. Milhaud et Monteux approuvent cette jurisprudence : « C'est en vain, disent-ils, qu'on prétend que l'article 12 de la loi du 8 décembre 1897 vaut une dérogation à l'article 135. L'article 12 prononce des nullités, mais il ne s'occupe pas de la mise en œuvre de ces nullités (2). »

120. — En admettant que ce raisonnement soit juridiquement exact, nous voilà dans une véritable impasse : il est certain que l'article 12 prononce formellement des nullités ; comment donc devra faire l'inculpé lorsqu'une ordonnance de soit-communiqué ou de renvoi n'aura pas été signifiée à son défenseur et qu'il voudra la faire annuler ?

(1) *Journ. Parq.*, 98.2.28, *Pand. franç.*, 98.2.145.
(2) *Op. cit.*, p. 297.

Le seul moyen, si l'on adopte l'opinion ci-dessus, sera, pour l'inculpé, de s'adresser au Procureur de la République ou, si le délai de 24 heures est expiré, au Procureur général qui jouit d'un délai plus long, pour le prier de faire opposition à l'ordonnance comme il en a le droit. Mais ce système a le grand inconvénient de laisser l'accusé à la merci du Procureur général lequel, s'il estime qu'il n'a pas à agir, ne pourra pas y être contraint. MM. Milhaud et Monteux qui proposent ce système et qui en reconnaissent eux-mêmes la fragilité, ne voient, comme sanction de ce refus, qu'une plainte au Garde des Sceaux, « mais, ajoutent-ils, il serait puéril de se faire la moindre illusion sur le sort d'une plainte formée par un inculpé, qui sera quelquefois un repris de justice, contre un Procureur général ». Ce n'est donc pas une solution satisfaisante.

121. — Une autre proposition est celle qui consiste à attendre qu'on soit devant la juridiction de jugement pour demander l'annulation ; mais, outre que cela soulève encore d'autres difficultés que nous développerons plus loin (1), l'intérêt de l'inculpé peut être de faire statuer immédiatement.

122. —C'est également en vue de l'intérêt de l'inculpé que nous repoussons le système qui consisterait à attendre que la juridiction de jugement ait statué pour former un pourvoi en cassation. D'abord,le pourvoi en cassation

(1) Voy. *infrà*, nos 140 et suivants.

est une procédure longue et ruineuse : mais à part cela, ce moyen et le précédent ne peuvent se concevoir (si tant est qu'ils soient possibles), que lorsque la nullité a été découverte après la clôture de l'instruction ; mais lorsqu'elle a été découverte en cours d'instruction, nous estimons que la question doit être vidée avant d'aller plus avant : c'est l'intérêt de l'inculpé qui y gagne un temps précieux et c'est aussi l'intérêt de la justice, car il vaut mieux réparer le vice de la base que d'attendre l'écroulement de l'édifice tout entier.

123. — M. Olier (1), critiquant l'arrêt de la Cour de Douai ci-dessus rapporté (2), estime que le prévenu doit pouvoir s'adresser directement à la Chambre des mises en accusation, nonobstant l'article 135 que la loi du 8 décembre 1897 a modifié en ce qu'il avait de contraire à ses dispositions : « Nous repoussons, dit-il, ce système qui n'est ni juridique, ni pratique, ni libéral. Il n'est pas juridique d'interpréter l'article 135, alinéa 3, comme la Cour de Douai, car alors on ne tient plus compte du principe de l'article 12 de la loi de 1897. En effet, cette disposition annule radicalement les actes de procédure faits en violation de la loi, c'est-à-dire qu'il permet de les attaquer ; or, précisément, le moyen de se prévaloir de la nullité, le seul moyen réellement efficace, c'est l'appel ou, plus exactement, l'opposition devant la Chambre

(1) Article *Journ. Parq.*, 1898, p. 90 ; article dans *Pand. Franç.*, 98.2. 145 sous l'arrêt.

(2) Voy. *suprà*, n° 119.

des mises en accusation. Il n'est pas, en effet, pratique d'attendre la clôture de l'instruction pour permettre à l'inculpé d'invoquer la nullité devant la juridiction de jugement : il faut régler le plus rapidement possible cette situation, pour ne pas perdre un temps précieux, prolonger la détention préventive et augmenter les frais. Il n'est pas, enfin, libéral de sacrifier ainsi les droits éminemment respectables de l'inculpé, obligé d'attendre qu'il plaise au Procureur de la République de faire opposition... »

M. le juge G. Le Poittevin partage la même opinion et pense que, si la loi nouvelle n'a pas abrogé expressément les dispositions du Code d'instruction criminelle, il faut néanmoins admettre qu'en créant en faveur de l'inculpé des droits nouveaux, elle a entendu, par cela même, lui assurer l'exercice de ces droits.

En conséquence, le prévenu ne serait plus limité quant à la nature des actes attaqués et les délais seraient supprimés (1).

124. — M. Leloir (2) pense que ce système a le tort de considérer comme accomplie une réforme sur laquelle le législateur n'a pas statué expressément. Mais était-il indispensable qu'il statuât expressément ?

Pour nous qui nous associons aux critiques de M. Olier et adoptons absolument le système de M. G. Le Poittevin, il nous semble que pour justifier notre opinion et combattre l'argument tiré de la non-abrogation de l'ar-

(1) *Lois Nouv.*, 99.4.55.
(2) *France Jud.*, 98.1.280.

ticle 135, nous pouvons nous appuyer sur l'article 13 de la loi du 8 décembre 1897 : « *Sont et demeurent abrogées toutes les dispositions antérieures contraires à la présente loi.* » — MM. Milhaud et Monteux font remarquer que cette disposition est de style ; c'est possible, mais il ne faut pas, pour cela, en diminuer l'importance. Que cette disposition ne soit pas suffisante pour donner aux tribunaux le pouvoir de créer des moyens nouveaux de sanctionner la loi, nous n'en disconvenons pas ; mais elle trouvera son application toutes les fois qu'il s'agira de supprimer une entrave à l'exercice de la loi nouvelle.

Or, la spécialité des actes auxquels le prévenu peut faire opposition, la brièveté du délai accordé tant aux chefs des parquets qu'au prévenu constituent des entraves à l'application des dispositions nouvelles : elles doivent être supprimées car elles rentrent dans le cas de l'article 13 : ce sont bien « des dispositions antérieures contraires à la présente loi ».

125. — Par conséquent, et pour résumer notre opinion sur ce point, *nous estimons que le prévenu pourra faire opposition à toute espèce d'ordonnances, même de soit-communiqué ou de renvoi lorsqu'elles n'auront pas été signifiées au défenseur ; et qu'il ne sera plus limité par le délai de 24 heures, mais pourra exercer son recours devant la Chambre des mises en accusation, tant que la juridiction de jugement n'aura pas statué au fond par un jugement ou arrêt passé en force de chose jugée.*

126. — Il est bien certain qu'à cet égard la loi n'est pas complète et qu'on se trouve obligé de fixer un peu arbitrairement le délai d'opposition. Aussi est-il intéressant de signaler le vœu dont M. Paul Jolly, juge d'instruction au tribunal de la Seine, nous a fait part, à savoir l'adjonction à l'article 135 du Code d'instruction criminelle, d'un alinéa ainsi conçu : « L'ordonnance de renvoi en police correctionnelle ou de simple police devra toujours être signifiée à l'inculpé, lequel aura trois jours pour y former opposition devant la Chambre d'accusation. Ce délai expiré, aucune nullité de forme ne pourra être invoquée par lui. » Si cette disposition était législativement adoptée, cela supprimerait évidemment bien des difficultés ; mais le délai nous semble inacceptable. En effet, la nullité peut n'être découverte que postérieurement à la clôture de l'instruction et il est nécessaire à l'intérêt de l'inculpé et au respect de la loi qu'on puisse encore s'en prévaloir. Aussi, nous accordons à M. Paul Jolly qu'une addition législative est, sinon indispensable, du moins fort utile, mais non comme il la conçoit. Il y a lieu, pensons-nous, d'étendre le délai jusqu'à une décision définitive de la juridiction de jugement, de façon à ce qu'une nullité découverte après la clôture de l'instruction n'échappe pas à la sanction, et de façon à ce que la Chambre des mises en accusation soit toujours juge de l'incident, même à cette époque du procès, afin que les difficultés que nous verrons surgir quand nous étudierons cette période, puissent être évitées.

127. — 2° *L'acte vicié est un procès-verbal.* — Dans ce cas, il est certain qu'on ne peut procéder par la voie de l'opposition. En effet, on peut bien en appeler d'un acte de juridiction, d'un acte qui modifie ou tende à modifier un état de chose établi, d'un *acte agissant* ; comment admettre qu'on puisse faire appel d'un procès-verbal ?

Il y aura donc lieu, dans ce cas, de procéder par voie de requête à la Chambre des mises en accusation. Que si l'on vient nous opposer que la loi de 1897 n'a pas indiqué ce moyen de recours, nous répondrons que la requête est un mode général de saisir une juridiction et qu'il n'y avait pas à statuer à cet égard, toujours pour cette raison que lorsque la loi édicte des sanctions, elle donne par cela même le pouvoir de les mettre en œuvre et qu'il n'y a, au point de vue de la forme, qu'à se conformer au droit commun (1).

La Cour de cassation s'est prononcée contre notre opinion : « Attendu que la loi du 8 décembre 1897, tout en créant de nombreuses nullités, n'a pas changé ni modifié les voies de recours ouvertes par l'article 135 du Code d'instruction criminelle contre les ordonnances des juges d'instruction ni accordé, soit au Procureur de la République, soit au Procureur général (*a fortiori* à l'inculpé) le droit de déférer à la juridiction supérieure des actes isolés d'instruction, tels que les interrogatoires des prévenus (2). »

(1) Voir G. Le Poittevin, *Lois Nouv.*, 99 4.71.

(2) Cass., 14 avril 1899, *Journ. Parq.*, 1900.2.33. Dans le même sens :

Pouvoirs de la chambre des mises en accusation.

128. — Lorsque la Chambre des mises en accusation aura été ainsi saisie par opposition ou par requête du parquet ou du prévenu, quels seront ses pouvoirs ? Elle devra, lorsqu'elle aura constaté un vice, prononcer la nullité de l'acte et de toute la procédure ultérieure et dire que l'instruction sera reprise à partir du premier acte nul.

Plusieurs auteurs pensent que dans ce cas, si elle peut annuler, elle ne peut décider que la procédure sera reprise par un autre juge que le juge d'instruction primitif (1). Leur opinion est étayée sur un arrêt de Cassation du 10 avril 1829 (2) : « Attendu qu'au lieu de faire reprendre à l'instruction son cours ordinaire, cet arrêt (de Cour d'appel) ordonne que la procédure sera continuée par un autre juge d'instruction que le juge d'instruction en titre, qui a rendu l'ordonnance dont il prononce l'annulation... ; qu'en cela, la Cour royale de Grenoble a fait une fausse application des articles 472-473 du Code de procédure civile, 214, 429 et 431 du Code d'instruction criminelle et excédé ses pouvoirs ; que si l'on pouvait induire de l'annulation du juge d'instruction de Valence qu'il existait contre lui une cause de suspicion légitime, il n'appartenait qu'à la Cour de cassation d'apprécier cette

Cass., 17 décembre 1898 ; *France Jud.*, 1900.2.23.

(1) En ce sens : Leloir, *Code d'instr. crim.*, p. LXVI ; Milhaud et Monteux, *op. cit.*, p. 297 ; G. Le Poittevin. *Lois Nouv.*, 99.4.71.

(2) *Bull. crim.*, n° 74.

cause et de juger s'il y avait lieu, ou non, à le dessaisir. »

A notre avis, ces auteurs ont le tort de se servir comme critérium d'application de la loi nouvelle, d'un arrêt qui a été rendu à une époque où la législation était faite de principes tout différents. Sous l'empire du Code d'instruction criminelle, à un moment où le prévenu ne pouvait attaquer que l'ordonnance réglant la mise en liberté provisoire ou statuant sur la compétence, il est bien évident que, pour dessaisir le juge d'instruction, il fallait un motif grave, que, par exemple, il eût refusé la mise en liberté provisoire à cause d'une haine personnelle contre le prévenu et, par conséquent, il y avait là un motif de suspicion légitime pour lequel la Cour de cassation seule était compétente. Aussi cet arrêt de 1829 nous paraît-il absolument logique.

Mais la loi nouvelle a changé bien des choses et nous pouvons imaginer tel cas où, en dehors de tout sentiment d'animosité personnelle ou de parti pris, en admettant même toute l'impartialité possible, il y aura un intérêt supérieur pour le prévenu à voir, après annulation, la reprise de l'instruction confiée à un autre juge. Supposons par exemple que, lors du premier interrogatoire, le magistrat ait omis d'avertir le prévenu qu'il est libre de ne pas répondre et que celui-ci, se croyant obligé de parler, ait fait des déclarations irréfléchies qui aient fixé défavorablement la conviction du juge. Qu'importe ensuite que l'interrogatoire soit annulé et repris valablement ? Le juge pourra-t-il oublier ce qu'il a entendu, et son opinion ne restera-t-elle pas inébranlable désormais ? Aussi, ne voyons-nous pas d'autre moyen, pour parer à cet inconvénient, que de confier l'instruction à un autre juge. Qu'on ne vienne pas nous opposer l'arrêt de 1829 ! La loi nouvelle constitue une révolution dans la méthode de l'instruction préparatoire ; à des droits nouveaux elle a donné des sanctions nouvelles, et il est absolument contraire à son esprit de prétendre la régler sur des décisions judiciaires rendues sous l'empire de la loi ancienne.

Droit d'évocation. — Suppléments d'information.

129. — A la prétendue impossibilité pour la Chambre des mises en accusation de changer le juge d'instruction, les auteurs dont nous venons de critiquer l'opinion voient un remède : cette juridiction a le droit d'évoquer le fond et de commettre un conseiller pour procéder à un supplément d'information.

Si, dans ce cas, on refuse d'admettre, comme le fait M. G. Le Poittevin, que la loi nouvelle puisse s'appliquer dans le cours de la procédure en supplément d'information, le remède nous paraît pire que le mal : en effet que deviennent les garanties qu'elle apporte ? Etablie dans l'intérêt de l'accusé, elle a pris d'infinies précautions en ce sens, et sous le prétexte vain qu'elle n'a entendu viser que l'instruction préparatoire, on en tire un moyen détourné de soustraire l'inculpé à ses dispositions bienfaisantes, en le retirant des mains du juge d'instruction qui est astreint à certaines formalités sévèrement sanctionnées, pour le confier à un conseiller délégué qui échapperait à ces prescriptions. C'est supprimer l'instruction contrôlée et rétablir l'ancienne instruction secrète.

Nous ne ferions pas le même reproche à MM. Milhaud et Monteux qui admettent comme nous que la loi nouvelle s'applique même au supplément d'information ordonné par la Chambre des mises en accusation, car alors l'assistance du défenseur donne à l'inculpé les mêmes garanties qu'auprès du juge d'instruction.

130. — Les défenseurs de l'opinion adverse s'appuyant sur les travaux préparatoires et sur ce fait que le Sénat a repoussé l'amendement de MM. Thévenet et Guérin, tendant à reconnaître au conseil le droit de défense orale devant la Chambre des mises en accusation. Mais il ne suffit pas d'envisager en bloc le résultat de ce vote, il faut examiner comment il s'est produit et ce n'est pas le point le moins édifiant des travaux préparatoires. Le projet Constans ne modifiait pas la procédure antérieure. A la séance du 28 mai 1897, MM. Thévenet et Guérin proposaient l'amendement suivant : « L'avocat de l'inculpé aura le droit de présenter sa défense devant la Chambre des mises en accusation. » Le rapporteur, M. Jean Dupuy s'opposa à cet amendement ; mais pourquoi s'y opposa-t-il ? Simplement pour ne pas retarder le vote d'une réforme urgente. Et malgré cela, le Sénat vit cet amendement d'un œil si favorable qu'il l'adopta à mains levées (1). Mais le 10 juin 1897 (2) en deuxième délibération, M. Darlan, malencontreusement inspiré, proposa que l'on donnât au ministère public une place égale à celle de l'accusé. Cela suffit pour amener la catastrophe. M. Faye s'écria qu'il serait bien plus simple de supprimer l'article. Le rapporteur qui, en première discussion, s'était opposé sans succès à son adoption, saisit cette occasion et déclara que la Commission était prête à le retirer. « La Commission, déclara M. le Président du Sénat, abandonne l'article 11 ; personne ne le reprend ? L'article 11 est supprimé ! »

« Et c'est ainsi, déclare M. Olier, qui narre cette scène avec une vérité saisissante (3), qu'une disposition logique, rationnelle et libérale fut écartée ! Singulière et inadmissible façon de légiférer ! Tous s'accordent à vouloir une procédure contradictoire devant les deux juridictions d'instruction (tous les projets, la Cour de cassation, le rapporteur qui avait facilement accepté l'amendement, le Gouvernement) ; la réforme est votée en première lecture à mains levées ; aucune opposition en deuxième lecture : pour ne pas ajouter quatre mots au texte, on le supprime ! » Comment peut-on asseoir une opinion sur de tels travaux parlementaires ? Peut-on dire que l'amendement Thévenet-Guérin a été repoussé, alors qu'il avait été adopté à mains levées ? S'il a été *escamoté*

(1) *Doc. parlem.*, pp. 887, 2e col., 889, 2e col.
(2) Sénat 10 juin 1897, *Déb. parlem.*, pp. 961-962.
(3) *Op. cit.*, p. 27.

ensuite, on ne peut sérieusement baser là-dessus une opinion interprétative de la volonté, malheureusement trop flottante, des législateurs.

Mais en l'admettant cependant, il y a un autre reproche beaucoup plus grave encore à faire à cet argument; c'est que nos adversaires appliquent à une hypothèse une interprétation de volonté qui était destinée à une autre hypothèse. L'amendement Thévenet-Guérin s'appliquait lorsque la Chambre des mises en accusation, réunie, recherchait s'il y avait lieu de renvoyer l'inculpé devant la Cour d'assises ou de le relaxer. Ici, au contraire, l'hypothèse est toute différente, le prévenu n'est pas devant la Chambre des mises en accusation, mais devant un conseiller délégué procédant à une véritable instruction.

M. Leloir qui, juridiquement, se prononce contre nous (1), reconnaît pourtant lui-même « que l'on agira au moins prudemment en appelant le conseil dans le cabinet du conseiller ou du juge délégué, et en l'admettant à l'interrogatoire après lui avoir communiqué la procédure ».

131. — La Cour de cassation a pourtant jugé que la loi du 8 décembre n'est applicable que jusqu'au moment où intervient l'ordonnance du juge d'instruction, de sorte que, dans le cas qui nous occupe, le Code d'instruction criminelle ne serait pas modifié : « Attendu que la loi du 8 décembre 1897 a eu pour objet de modifier certaines

(1) *Code d'instruct. crim.*, p. LXVI.

règles de l'information préalable qui se poursuit dans le cabinet du juge d'instruction, qu'il résulte du titre même de cette loi, des divers documents législatifs qui en ont précédé l'adoption et de l'ensemble de ses dispositions qu'elle n'est applicable qu'aux actes d'information antérieurs à l'ordonnance qui dessaisit le juge d'instruction (1). » La Cour qui donne d'ailleurs des motifs assez vagues et assez critiquables nous paraît avoir mal jugé. Il est certain que la loi s'est occupée surtout de l'instruction confiée au juge d'instruction proprement dit; mais rien ne prouve qu'elle ait limité là son application et il semble bien résulter, au contraire, de son esprit qu'elle doit être interprétée dans le sens le plus large et le plus libéral, eu égard aux garanties auxquelles a droit tout inculpé. Il n'y a surtout pas lieu de tirer argument de ce que son titre porte qu'elle a pour but de modifier « certaines règles de l'instruction préalable ».C'est une pétition de principes, car il s'agit précisément de savoir si le supplément d'information ordonné par la Chambre des mises en accusation constitue une instruction préalable.

132. — Pour nous, il n'y a pas de doute et nous ne sommes pas seul à penser ainsi : « Notre principe que l'instruction dure jusqu'à ce que la Chambre des mises en accusation ait statué, déclarent MM. Milhaud et Monteux (2), entraîne comme conséquence l'obligation de sui-

(1) Cass., 24 décembre 1898, *Lois Nouv.*, 99.4.79.
(2) *Op. cit.*, p. 278, note 1.

vre les formalités de la loi de 1897 pour le conseiller de la Chambre des mises en accusation chargé de faire une instruction complémentaire et, par suite, l'obligation pour l'avocat de suivre cette instruction. » En effet, que l'instruction soit une instruction proprement dite ou un supplément d'instruction, que le magistrat agisse en vertu d'un pouvoir propre ou en vertu d'une délégation, sa procédure est toujours une instruction préalable et, par conséquent, les dispositions de la loi du 8 décembre 1897 doivent s'appliquer (1).

La question, proposée à la réunion de la Société générale des prisons du 9 novembre 1898, paraît avoir été résolue dans notre sens par plusieurs orateurs. Voilà comment s'exprime à ce sujet M. le professeur A. Le Poittevin... « La loi du 8 décembre est-elle applicable lorsque la Chambre des mises en accusation ordonne un supplément d'information ? Voici du reste comment la question a été formulée par M. Garçon : lorsqu'un conseiller fait une instruction en vertu d'une délégation de la Chambre des mises en accusation, les formes de la loi nouvelle doivent-elles être observées? La question, paraît-il, avait été résolue négativement par la Chancellerie à laquelle un avis a été demandé. M. Garçon nous avait déclaré en section que, selon lui, la Chancellerie avait eu tort de répondre non, car nous sommes dans la période de l'instruction et le conseiller délégué instruit

(1) En notre sens : Brégeault et Albanel, *Lois Nouv.*, 98.1.81.

comme le juge d'instruction lui-même... Au tribunal de Lille, tout le monde partageait l'opinion de M. Garçon (1). »

133. — *En somme* et pour résumer toute cette longue discussion sur les pouvoirs de la *Chambre des mises en accusation*, il nous semble que cette juridiction *a le droit* :

1° *D'annuler tout acte d'instruction non conforme à la loi du* 8 *décembre* 1897, *qu'il s'agisse d'une ordonnance ou d'un procès-verbal.*

2° *De renvoyer l'affaire à un juge d'instruction autre que le premier, si elle juge que le vice de l'acte a eu pour résultat de fixer défavorablement la conviction de ce dernier.*

3° *D'évoquer le fond et d'ordonner, si elle le juge convenable, un supplément d'information, lequel sera fait conformément aux dispositions de la loi du* 8 *décembre* 1897.

Rappelons que sur la plupart de ces points la jurisprudence nous donne tort.

En ce qui concerne l'inculpé, nous croyons qu'il a le droit de saisir la Chambre des mises en accusation, même après l'expiration des délais et en dehors des cas prévus par l'article 135 *du Code d'instruction criminelle, jusqu'à ce que la juridiction de jugement ait statué définitivement ; en employant, soit la voie de l'opposition soit celle de la requête, les mêmes droits appartenant, bien*

(1) *Revue pénit.*, 1898, p. 1215.

entendu, au Procureur général et au Procureur de la République.

Sur ces points encore, la jurisprudence nous est défavorable.

Quant à la *partie civile*, nous avons omis à dessein d'en parler : la loi de 1897 ne contenant aucune prescription qui la concerne, elle reste soumise (comme l'inculpé pour tous les cas en dehors de la loi nouvelle) à l'article 135 du Code d'instruction criminelle.

Le juge peut-il réparer lui-même la nullité ?

134. — Supposons que dans le cours de l'instruction le juge s'aperçoive que, par suite d'une omission quelconque, un acte de sa procédure est entaché de nullité. S'il s'agit d'une disposition qui ne soit pas d'ordre public, il pourra convoquer l'inculpé et lui demander s'il renonce à se prévaloir de la nullité ; si celui-ci consent à renoncer, la nullité se trouvant couverte, le juge pourra sans encombre, continuer son instruction.

Mais supposons, ou bien qu'il s'agisse d'une nullité d'ordre public ou bien que, tout simplement, l'inculpé déclare avoir l'intention de s'en prévaloir. Dans le cas où celui-ci saisirait immédiatement la Chambre des mises en accusation par opposition ou requête, il n'y aurait guère de difficultés. Cette juridiction annulerait la procédure et renverrait le dossier au juge qui reprendrait son instruction à partir du premier acte nul, ou à un autre juge dans le cas où elle l'estimerait utile à l'inculpé.

Mais au cas où l'inculpé préférerait garder son recours

pour plus tard et où, par impossible, le Procureur de la République voudrait s'abstenir pour une raison quelconque, par exemple parce qu'il estimerait qu'il n'y a pas cause de nullité, le juge d'instruction serait-il tenu de continuer une information qu'il sait devoir être plus tard annulée ?

135. — Dans la pratique, suivant M. G. Le Poittevin (1), le juge se contente de recommencer purement et simplement la procédure depuis et y compris l'acte dont il a découvert la nullité, de sorte qu'il y a une certaine période entre l'acte nul et la découverte de la nullité, dans laquelle il existe deux séries d'actes portant sur les mêmes faits.

Il est certain que cette méthode est anti-juridique. Le juge d'instruction est sans qualité pour annuler ses propres actes (2) et, comme le fait très justement remarquer M. G. Le Poittevin (3), tant que des actes n'ont pas été annulés par la juridiction compétente, les actes postérieurs, quand même ils s'appliqueraient aux mêmes faits, ne sont que la continuation de la première information et sont par conséquent atteints, à titre de procédure ultérieure, par la nullité de l'acte initial.

136. — De plus, au point de vue pratique, on pourrait arriver à des résultats contraires à la volonté du législateur. Supposons un interrogatoire initial dans lequel le

(1) *Lois Nouv.*, 99.4.71.
(2) Leloir, *Code d'inst. crim.*, p. LXIV.
(3) *Loc. cit. suprà.*

juge ait omis d'avertir l'inculpé qu'il était libre de ne pas faire de déclarations. Plus tard, il s'aperçoit de la nullité et recommence toute sa procédure en donnant, cette fois, l'avertissement. Peut-on soutenir que la situation sera la même que s'il voyait l'inculpé pour la première fois ? Pourra-t-il oublier ce que l'inculpé lui a dit alors qu'il se croyait tenu de répondre ? Dans ce cas, il y a un intérêt capital à faire annuler la procédure par la Chambre des mises en accusation qui estimera s'il n'y a pas lieu, ou de renvoyer à un autre juge (comme nous croyons qu'elle a le droit de le faire) ou d'évoquer le fond et de commettre un conseiller pour procéder à un supplément d'information.

137. — Le tribunal de la Seine s'était prononcé assez timidement en notre sens, le 6 février 1899 : « Attendu que l'inculpé n'a point été averti qu'il était libre de ne faire aucune déclaration, que, dès lors, l'interrogatoire est nul ; — que, sans doute, le magistrat instructeur a recommencé, le 1er juillet 1898, son œuvre d'information, qu'il l'a fait sans protestation de la part du prévenu et s'est conformé, cette fois, aux prescriptions de la loi du 8 décembre 1897 ; *mais qu'en admettant même qu'il ait pu procéder ainsi valablement*, encore faudrait-il... » (1).

La Cour d'appel de Paris, plus énergiquement, se prononça pour l'opinion contraire à la nôtre et décida, à la date du 13 juin 1899, que le juge avait le droit de

(1) D. 99.2.64.

recommencer les actes nuls : « Considérant... que la loi s'est abstenue de prescrire aucun mode spécial de réparation relativement aux nullités par elle édictées ; qu'elle s'est référée implicitement, par cela même, au principe de droit commun d'après lequel l'omission ou la violation de formes prescrites par la loi à peine de nullité peut être réparée tant que la procédure n'est pas terminée (C. instr. crim., art. 215) ; qu'en pareille matière, en effet, il échet pour toute juridiction qui a omis ou violé quelqu'une des formalités légales prescrites à peine de nullité, non de se dessaisir, mais de recommencer la procédure depuis et y compris l'acte nul ; qu'en l'espèce, le juge d'instruction n'a fait qu'appliquer cette règle et l'a fait à bon droit » (1).

Mais la Cour de cassation a mis bon ordre à cette bizarre solution en cassant l'arrêt le 8 décembre 1899 : « Attendu qu'un juge d'instruction n'a pas qualité, soit pour prononcer l'annulation d'actes entachés d'une des nullités prévues par la loi du 8 décembre 1897, soit pour recommencer spontanément un ou plusieurs de ces actes ; qu'en effet le prévenu peut renoncer à se prévaloir de la nullité commise et qu'il peut même avoir intérêt à invoquer les résultats de l'information (2). »

La Cour nous paraît avoir jugé équitablement, car il est facile de comprendre qu'une nullité ne peut être réparée sans le consentement formel de la partie à l'en-

(1) *France Judiciaire*, 99.2.493.
(2) *France Judiciaire*, 1900.2.23.

contre de laquelle la nullité a été commise ; celle-ci peut avoir un intérêt considérable à regarder comme valides, si elle le juge utile, des actes qui, peut-être, lui sont favorables et qu'elle a intérêt à voir conserver.

138. — M. Leloir,qui admet le principe que le juge ne peut annuler lui-même ses propres actes, croit cependant qu'on peut faire exception dans le cas de nullité encourue pour défaut de notification d'une ordonnance (1). Dans ce cas, de la même façon que le président des assises qui peut réparer ses erreurs tant qu'elles n'ont pas apporté dans le débat des éléments d'appréciation qui n'y appartenaient pas, le juge pourra recommencer les actes depuis l'ordonnance. Mais il nous semble qu'il faut se garder d'assimiler par trop des situations qui ne sont pas les mêmes : il est juste d'appliquer les règles générales admises en matière criminelle par la jurisprudence ; mais il faut prendre garde de ne pas violer, sans le vouloir, des dispositions conçues dans un esprit tout nouveau : il vaut mieux s'en rapporter au principe que le juge d'instruction n'a pas qualité pour annuler ses propres actes et dire que ce principe est absolu.

139. — Donc, quoique fasse le juge d'instruction, à partir du moment où sa procédure contiendra un acte nul, tous ses actes ultérieurs seront frappés de la même nullité, fussent-ils faits pour remplacer les premiers.

Si donc l'inculpé ne veut point user immédiatement

(1) *Code d'instr. crim.*, p. LXIV.

de son droit d'invoquer la nullité et que, pour une raison, improbable d'ailleurs mais admissible en théorie, le Procureur de la République agisse de même, le juge se trouvera obligé de continuer une information qu'il sait devoir être annulée dans la suite, à moins qu'il n'existe un moyen de sortir de cette impasse.

Ce moyen, proposé par MM. Brégeault et Albanel, consiste, pour le juge, à rendre une ordonnance tendant à transmettre le dossier à la Chambre des mises en accusation. Nous croyons aussi que c'est le seul système admissible dans l'hypothèse bien rare, et pour ainsi dire, purement théorique où, sur une ordonnance de soit-communiqué suivie de communication au parquet, le ministère public refuserait de requérir l'annulation.

2e PÉRIODE. — **Nullité soulevée après la clôture de l'instruction.**

POUVOIRS DES JURIDICTIONS DE JUGEMENT.

140. — Il arrive fréquemment qu'un cas de nullité n'est découvert ou soulevé qu'après la clôture de l'instruction. Quelle est alors la juridiction qui a le droit de statuer sur la nullité? Cette question soulève de nombreuses difficultés et donne lieu à beaucoup de controverses. Le silence de la loi à cet égard a été la cause de l'établissement d'une jurisprudence toute nouvelle, dont nous aurons à signaler l'aspect révolutionnaire dans les principes qui avaient toujours été admis jusqu'à présent. La controverse soulevée se résoud à cette question : Une juridiction de jugement a-t-elle le pouvoir de prononcer la nullité d'un acte fait par le juge d'instruction en violation des dispositions de la loi du 8 décembre 1897 ?

Si tout le monde admettait comme nous que la loi nouvelle abroge l'article 135 du Code d'instruction criminelle, en ce qu'elle permet à l'inculpé de faire opposition à toute espèce d'actes, même à l'ordonnance de renvoi en étendant les délais jusqu'à un jugement ou arrêt définitif, la question ne se poserait même pas. Mais il ne faut pas perdre de vue que contre notre opinion s'élève celle de la majorité des auteurs et presque toute la jurisprudence et c'est dans ces conditions que, laissant de côté pour un instant notre système, sur lequel nous reviendrons d'ailleurs, nous allons suivre nos adversaires sur le terrain où ils se placent et rechercher quels peuvent être les pouvoirs des juridictions de jugement lorsque, devant elles, est invoquée la nullité d'un acte d'instruction.

I. — Cour d'assises.

141. — Cette question ne nous retiendra pas bien longtemps : en effet, les principes généraux suffisent pour la résoudre. La plénitude de juridiction de la Cour d'assises est couramment admise dans la doctrine (1) et la jurisprudence ne varie pas à cet égard. L'arrêt de renvoi

(1) Garraud, *Précis*, 5e édit., n° 54, p. 648 ; Laborde, 2e édit., n° 964, p. 629 ; 1011, pp. 653-654 ; G. Le Poittevin, *Traité théorique et pratique de la Cour d'assises*, n. 4 ; A. Le Poittevin, *Inst. pénit. de France*, 1895, pp. 108-109.

de la Chambre des mises en accusation n'est pas seulement indicatif mais attributif de compétence et, lorsqu'il n'a pas été attaqué dans les cinq jours indiqués par l'article 296 du Code d'instruction criminelle, la Cour d'assises saisie doit rester saisie : elle n'aura donc pas, par cela même, à se préoccuper de la question de savoir si la procédure est valable (1).

II. — Tribunal correctionnel

142. — Mais lorsque l'ordonnance définitive du juge d'instruction renvoie l'affaire devant le tribunal correctionnel, il n'y a plus de raison de ce genre. Cette ordonnance a seulement pour effet de saisir le tribunal, lequel a le droit de rechercher dans quelles conditions il est saisi. Quelle est alors l'étendue de ses pouvoirs ? C'est ce que nous allons rechercher.

La jurisprudence n'a pas tardé à lui reconnaître le droit d'annuler une ordonnance viciée. C'est ainsi que le 22 décembre 1897, dans l'affaire *fille Borie* (2), le tribunal dispose : « Attendu que les articles 10 et 12 de la loi du 8 décembre 1897 prescrivent, à peine de nullité, la signification de l'ordonnance au conseil de l'inculpé ; que cette prescription n'a pas été observée. Par ces motifs : *Annule l'ordonnance de renvoi...* » Ce jugement fut confirmé par la Cour de Paris le 6 janvier 1898 (3).

(1) En ce sens, Brégeault et Albanel, *Lois Nouv.*, 98.1.96.
(2) Voy. *suprà*, n° 66.
(3) Voy. *suprà*, n° 67.

143. — A notre avis, il y a là un excès de pouvoir de la part de la juridiction de jugement. Le juge d'instruction n'est pas un délégué du tribunal ; il a, par lui-même, un pouvoir propre et forme une juridiction indépendante. C'est ce que M. G. Le Poittevin (1) fait, avec juste raison, remarquer : « Le juge d'instruction statue sur les demandes et exceptions des parties ; il ordonne les mesures d'information qui lui paraissent nécessaires ; enfin, lorsque la procédure est complète, il statue sur la mise en prévention. Il exerce donc une véritable juridiction ; et les pouvoirs en vertu desquels il agit lui sont essentiellement personnels. »

Ce principe, absolument certain, est consacré dans diverses dispositions du Code d'instruction criminelle. D'abord, il est incontestable (et il suffit pour s'en rendre compte de lire l'article 135) que la Chambre des mises en accusation est la seule juridiction d'instruction au second degré. De même que le Tribunal civil a au-dessus de lui la Cour d'appel civile, que le Tribunal correctionnel a la Chambre des Appels Correctionnels, de même le juge d'instruction a la Chambre des mises en accusation. Ce sont trois juridictions de fonctions différentes, ayant chacune leur compétence spéciale et possédant chacune leur premier et leur second degré. Il ne faut pas, parce que la juridiction d'instruction préparatoire au premier degré se compose d'un seul juge, au

(1) *Lois Nouv.*, 99.4.50.

lieu de trois, la considérer pour cela comme spéciale et soumise à d'autres règles que les autres ; le juge d'instruction est seul à cause de nécessités pratiques évidentes ; mais il n'en constitue pas moins un tribunal qui n'est soumis qu'au contrôle de la juridiction du second degré : il n'est pas plus un délégué du tribunal que la Chambre des mises en accusation n'est déléguée de la Cour d'appel ; ils constituent l'un et l'autre des juridictions parallèles indépendantes : « Centre de l'instruction des affaires criminelles, dit M. Faustin Hélie en parlant de la Chambre des mises en accusation (1), toutes les questions qui se rattachent à cette instruction viennent aboutir à cette juridiction souveraine, pour y recevoir une solution définitive ; *elle est le juge d'appel de la juridiction du juge d'instruction.*

144. — Nous trouvons une preuve de l'assimilation complète entre un juge d'instruction et un tribunal dans l'article 526 du Code d'instruction criminelle : « *Il y aura lieu à être réglé de juges par la Cour de cassation.. lorsque des Cours, tribunaux ou juges d'instruction....* » Bien plus, l'article 540 déclare qu'il y aura lieu à règlement de juges *lorsqu'il y aura conflit entre deux juges d'instruction.* On peut donc dire que le juge d'instruction forme une juridiction indépendante et que, par conséquent, le tribunal correctionnel n'a pas le pouvoir d'annuler un acte fait par lui.

(1) Faustin-Hélie, *Instruction criminelle*, t. V, n° 2097, p. 137.

Dans ce sens et dans une hypothèse voisine, citons deux arrêts de cassation rapportés par M. G. Le Poittevin : « Attendu que les conclusions posées le 18 mars par *Crampon* devant le tribunal de la Seine ne tendraient pas à sa mise en liberté provisoire ; qu'il demandait l'annulation du mandat d'arrêt en vertu duquel il avait été écroué et, par suite, sa mise en liberté immédiate ; Attendu que la juridiction correctionnelle n'aurait pu, sans commettre un excès de pouvoir, statuer sur la demande en nullité d'un mandat décerné par le juge d'instruction pendant qu'il était encore saisi de la procédure.... » (1). — Second arrêt : « Attendu que, ni le tribunal de première instance, ni la Cour d'appel n'auraient eu qualité pour annuler les mandats décernés par un juge d'instruction, au cours d'une procédure dont il était régulièrement saisi » (2).

145. — M. G. Le Poittevin fait remarquer que si le tribunal avait le pouvoir d'annuler un acte du juge d'instruction, il en profiterait lorsque, par suite d'une divergence d'opinions sur le caractère d'un fait incriminé, il verrait un crime ou une contravention là où le juge d'instruction a vu un délit et éviterait ainsi la longue procédure du règlement de juges prescrite en cas de conflit négatif d'attributions résultant d'une déclaration d'incompétence. Cette remarque ne nous semble pas très juste, car nos adversaires ne prétendent pas que le tri-

(1) Cass. rejet, 16 août 1873, *Bull. crim.*, n° 233.
(2) Cass. rejet, 5 février 1875, *Bull. crim.*, n° 40.

bunal ait un droit d'annulation général sur les actes du juge d'instruction, mais seulement sur ceux qui sont viciés par inobservation des prescriptions de la loi du 8 décembre 1897 : ils pensent que c'est l'article 12 qui a changé l'état antérieur et l'hypothèse de M. Le Poittevin, se trouvant en dehors des cas prévus par cet article, ne saurait en subir les conséquences. Il faut leur rendre cette justice que leur système se restreint aux dispositions de la loi nouvelle.

146. — Néanmoins il ne nous paraît pas meilleur pour cela et nous pensons qu'il y a là un fâcheux renversement de l'ordre des juridictions (1).

Ce système amène d'ailleurs à des solutions bizarres. Si on admet qu'une juridiction de jugement ait le droit de statuer sur les nullités de l'instruction, il faut reconnaître que le juge de simple police saisi par une ordonnance de renvoi du juge d'instruction, doit examiner la procédure et annuler les actes irréguliers (2). De sorte que la juridiction inférieure est juge d'appel de la juridiction supérieure !

De plus, il y a un inconvénient considérable : c'est que si on donne au tribunal correctionnel un tel pouvoir on peut (sauf discussion sur ce point) (3), se trouver obligé de donner aux Cours d'appel, saisies de la question de nullité, le pouvoir d'évoquer et de statuer sur le fond,

(1) *Contre notre opinion* : A. Le Poittevin, *Revue pénit.*, 1899, p. 374.
(2) Voir G. Le Poittevin, *France Judiciaire*, 23 juin 1900, p. 225.
(3) Voyez *infrà*, nos 155 et suivants.

conformément aux dispositions de l'article 215 du Code d'instruction criminelle ; de sorte que les dispositions de la loi nouvelle seraient inobservées et que, de plus, l'accusé se trouverait privé d'un degré de juridiction.

Enfin, si l'on admet le système que nous combattons, il convient de remarquer qu'il y a contre les actes du juge d'instruction deux degrés de recours : appel devant le tribunal et appel de l'appel devant la Cour. Ces résultats sont véritablement déconcertants !

147. — *Jurisprudence.* — C'est en s'inspirant des principes que nous avons émis plus haut que le tribunal de la Seine, 8e chambre, a rendu le jugement suivant : « Attendu qu'en constatant la nullité de l'ordonnance de soit-communiqué pour inobservation des dispositions, etc... le tribunal correctionnel, n'étant pas juge d'appel du juge d'instruction, n'a pas qualité pour la prononcer ; — Attendu qu'il n'a à faire application de cette nullité qu'au seul acte qui relève de sa juridiction ; Par ces motifs : — déclare nulle la citation donnée à la dame L. . » (1).

Ce jugement, qui tendait à établir une solution plus juridique, se heurtait malheureusement à la jurisprudence admise déjà le 6 janvier 1898 par la Cour de Paris dans l'affaire *fille Borie* (2). Cette juridiction, persistant dans sa première interprétation a infirmé le jugement de la 8e chambre : « Considérant qu'après avoir constaté qu'aux termes des articles 10 § 2 et 12 de la loi des 8-10 dé-

(1) Trib. Seine, 18 février 1898, *Journ. Parq.*, 98.2.56.
(2) Voy. *suprà*, nos 66, 67, 142.

cembre 1897, les ordonnances de soit-communiqué et de renvoi elles-mêmes étaient frappées de nullité, le tribunal s'est contenté d'annuler la citation, laissant ainsi subsister avec toute sa force légale, l'acte qui le saisissait ; que, dans ces conditions, le tribunal restant toujours saisi, aux termes de l'article 182 du Code d'instruction criminelle, le cours de la justice se trouverait par le fait interrompu si le jugement sortait à effet ; que, d'une part, en effet, toute opposition à l'ordonnance de renvoi étant fermée au Procureur de la République et au Procureur général par suite de l'expiration des délais ; que, d'autre part, le prévenu n'étant pas recevable à présenter devant la Cour de cassation les moyens de nullités, autres que l'incompétence,qu'il n'aurait pas opposés devant la Cour d'appel, il y a lieu d'infirmer le jugement en tant qu'il a omis de prononcer la nullité de l'ordonnance de renvoi en même temps qu'il prononçait la nullité de la citation ; que les formalités de la loi de 1897, qui sont une garantie substantielle du droit de défense, sont de rigueur, et que leur omission, constituant de plein droit et par elle-même une nullité radicale, le juge est tenu de la déclarer dès qu'elle est opposée..... Confirme le jugement frappé d'appel en ce qu'il a prononcé la nullité de la citation et y ajoutant, déclare nulle l'ordonnance de soit-communiqué du 4 janvier 1898, ensemble toute la procédure ultérieure (1). »

(1) *Lois Nouv.*, 99.4.56,57.

148. — Les arguments fournis par la Cour sont évidemment très importants ; l'article 135 du Code d'instruction criminelle lui semble un obstacle infranchissable, elle constate bien une impasse dont il faut sortir sous peine de voir suspendu le cours de la justice ; mais en sort-elle par le bon chemin ? Nous ne le pensons pas.

Lorsque nous aurons étudié les divers moyens proposés, si nous pensons qu'aucun ne soit satisfaisant, nous rechercherons si l'on ne peut pas en trouver un qui permette de concilier, d'une façon préférable et plus juridique, la loi de 1897 et les principes établis. En tous cas, il nous semble que celui admis par la jurisprudence a le grave inconvénient de bouleverser complètement l'ordre et les attributions des juridictions.

149. — *Divers autres systèmes proposés.* — M. Olier qui reconnaît aux tribunaux le pouvoir d'annulation, convient lui-même que l'objection est grave. « Mais, ajoute-t-il (1), elle ne saurait prévaloir contre le texte péremptoire de l'article 12 qui annule l'acte illégal, en sorte que la juridiction de jugement n'a pas à annuler l'ordonnance, elle n'a qu'à constater la nullité édictée par la loi, ce qu'aucun texte ne lui défend. » Mais l'acte nul n'est pas inexistant (puisqu'il peut être ratifié la plupart du temps), il est simplement nul ou annulable, et tant que la nullité n'est pas prononcée il continue à faire son effet. La nullité d'une décision judiciaire n'existe jamais *ipso facto*, il faut

(1) *Op. cit.*, p. 92.

qu'elle soit constatée et déclarée par une autre décision de justice.

150. — « Si l'on refusait au tribunal le droit d'annuler l'ordonnance, dit M. Olier (1), si l'on admettait qu'il doit seulement se borner à déclarer qu'elle a été irrégulièrement rendue, et à annuler la citation qui l'avait saisi, voici la procédure qui devrait être suivie. Lorsque ce jugement correctionnel serait devenu définitif, le Procureur devrait présenter à la Cour de cassation une requête en règlement de juges ; en effet, on se trouverait en présence de deux décisions contraires : d'une part, une ordonnance renvoyant l'inculpé en police correctionnelle, d'autre part, un jugement qui déclare qu'en raison de la nullité de la procédure, il ne pouvait être saisi, décisions ayant acquis toutes deux l'autorité de la chose jugée. La Cour de cassation, réglant de juges, renverrait devant la Chambre d'accusation qui annulerait l'instruction et on se trouverait en présence d'un réquisitoire introductif qui serait réputé n'avoir jamais été exécuté ; dès lors, le juge d'instruction qui avait procédé à l'instruction annulée étant ainsi dessaisi, rien ne s'opposerait à ce qu'un autre juge d'instruction fût saisi. » M. Olier cite ce moyen pour montrer à quelles complications on arriverait en adoptant le système contraire au sien ; mais malheureusement tout cela ne nous paraît pas exact. En effet, il y a lieu à règlement de juges lors-

(1) *Op. cit.*, p. 92.

qu'il y a conflit sur la compétence ; or, ici, ce n'est pas le cas ; le conflit qui interrompt le cours de la justice est une question de nullité. M. G. Le Poittevin, qui avait tout d'abord pensé à ce système, en a reconnu lui-même l'imperfection et l'a abandonné. Il est, en effet, beaucoup trop compliqué et nous n'avons pas à regretter que son application soit juridiquement impossible.

151. — D'ailleurs M. Olier qui, tout en considérant le système du règlement de juges comme admissible en droit (ce que nous contestons) fait remarquer qu'en fait il est d'une complication fâcheuse, propose un autre moyen : lorsque le tribunal aura annulé la citation, le Procureur de la République tenant compte en fait de la procédure nulle en droit, en utiliserait les résultats en faisant citer directement le prévenu, renonçant ainsi à faire instruire l'affaire par un juge d'instruction.

Mais il se trouvera alors que tout ce qui, dans l'instruction, précède l'acte nul, restant valable, constituera une procédure commencée souvent très longue et très compliquée, qui n'aura pas de résultat et ne se trouvera pas clôturée par une ordonnance définitive. De sorte que, comme le fait remarquer M. G. Le Poittevin, en vertu d'un mandat de dépôt ou d'amener décerné au cours de cet embryon d'instruction et qui, souvent, ne sera pas atteint par la nullité, le prévenu continuera à être maintenu en détention préventive.

Nous ne croyons pas que tout cela soit admissible car il est de principe que lorsque le juge d'instruction a été saisi, le ministère public et la partie civile ne peuvent abandonner ce mode de procéder pour saisir le tribunal par voie de citation directe. Il en est de même pour la comparution volontaire : la théorie admise par M. Olier viole la maxime : *non bis in idem* (1).

152. — MM. Milhaud et Monteux qui n'admettent pas que le tribunal puisse annuler une ordonnance du juge d'instruction, décident qu'il doit statuer au fond, même lorsque l'inculpé dépose des conclusions tendant à la constatation de la nullité de la procédure (2). Mais on peut leur faire un grave reproche, qu'ils ont vu d'ailleurs eux-mêmes, c'est qu'on obligera le tribunal à statuer sur une affaire alors qu'il sait, sans aucun doute possible, que sa décision est fatalement destinée à être annulée par la Cour de cassation. Ils ont cherché à atténuer cette objection en faisant remarquer que le pourvoi ne réussira que si les juges ont basé leur appréciation sur les actes entachés de nullité. Mais alors le système n'est pas suffisant ! De plus ils sont obligés de reconnaître que lorsque la nullité signalée par l'inculpé résultera d'un vice postérieur à l'interrogatoire définitif, tel que le défaut de notification de l'ordonnance de soit communiqué ou de renvoi, le jugement sera forcément basé sur une procédure pour laquelle on n'a pas observé les formalités prescrites. De sorte que le tribunal statuera avec la cer-

(1) En ce sens G. Le Poittevin, *Lois Nouv.*, 99.4.53, Milhaud et Monteux, *op. cit.*, p. 303.

(2) *Loc. cit.*

titude qu'il agit en pure perte et que sa décision sera anéantie. Est-ce une façon de rendre la justice? Et cela même ne suffit-il pas à condamner le système?

On peut ajouter à cela que le recours en cassation est une procédure longue et coûteuse et, d'autre part, il est inadmissible qu'on puisse continuer à échafauder sur un acte nul une quantité d'autres actes dont son effondrement entraînera la ruine.

Quel système doit-on adopter ?

153. — Aucun des systèmes précédents ne pouvant donner satisfaction, recherchons s'il n'en existe pas un plus équitable et plus juridique.

A notre avis, il est de toute nécessité qu'aussitôt qu'une nullité est découverte, on puisse arrêter immédiatement la procédure pour réparer le vice. Il est absolument inadmissible que la loi puisse autoriser des actes inutiles; la saine raison ne peut concevoir un effort sans but, un travail improductif. C'est une hérésie sociale.

Lorsque la nullité est découverte au cours de l'instruction, nous avons décidé qu'il y avait lieu de saisir immédiatement la Chambre d'accusation bien qu'on fût en dehors des cas et des délais de l'article 135 *du Code d'instruction criminelle.*

C'est ce qu'avec M. G. Le Poittevin (1) *nous décidons encore au cas où la nullité est découverte après la clôture de l'instruction. Nous estimons que l'article* 135 *est inappli-*

(1) *Lois Nouv.*, 99.4.55.

cable, en ce qu'il a d'étroit, à la loi de 1897 et que jusqu'à ce qu'un jugement ou arrêt définitif ait apporté la possibilité du recours en cassation, l'opposition est possible devant la Chambre d'accusation, à toute espèce d'actes viciés par inobservation des dispositions de la loi nouvelle. Le Tribunal devra donc seulement annuler la citation et surseoir jusqu'à ce que, sur l'opposition du prévenu, la Chambre d'accusation ait statué et annulé les actes irréguliers.

M. Leloir considère cette opinion comme téméraire (1) parce que nulle part la loi ne précise expressément cette réforme. Mais où autorise-t-elle le tribunal correctionnel à se faire juge des actes du magistrat instructeur ?

Il est certain qu'il y a là une lacune des plus graves : le législateur a bien indiqué des sanctions ; mais il a oublié d'en réglementer l'exercice ; il faut donc trouver un moyen de respecter sa volonté en s'éloignant le moins possible des principes généraux : Or, s'il est un principe général incontesté c'est que la juridiction d'instruction du second degré est la Chambre des mises en accusation. Pourquoi donc conférer ce droit au tribunal correctionnel ?

De plus, quel manque de logique dans l'opinion adverse et dans la jurisprudence ! Soit une nullité commise en cours d'instruction. Le Procureur de la République fait opposition ; qui sera juge ? la Chambre d'accusation.

(1) *France judiciaire*, 98.1.280.

— Au contraire le Procureur ne fait pas opposition, à l'audience le prévenu invoque la nullité ; qui sera juge? Le tribunal correctionnel. — De sorte qu'au choix des parties le différend sera soumis à l'une ou à l'autre juridiction. Mais n'est-ce pas violer la règle que nul ne peut être soustrait à ses juges naturels? On est justiciable de la Chambre d'accusation seulement ou du tribunal correctionnel seulement ; mais non pas de l'un des deux au hasard. Ce système bâtard est une *inelegantia juris*.

Nous pensons que si c'est tourner la loi que de déroger aux dispositions de l'article 135 (ce que d'ailleurs nous contestons), notre système est encore plus modéré que celui qui consiste à bouleverser l'ordre des juridictions. C'est ce qui nous décide à soutenir que, malgré l'effort de la jurisprudence qui, à notre avis, fait fausse route, le système de M. G. Le Poittevin est le seul admissible.

Chambre des appels correctionnels.

154. — Il peut se présenter fréquemment que la nullité, au lieu d'être soulevée devant le tribunal correctionnel, ne soit soulevée que devant la Cour d'appel, ou bien que le moyen rejeté par le tribunal soit repris par le condamné devant elle. Dans ces cas, elle se trouvera avoir à statuer sur la validité de la procédure d'instruction. Quel sera son droit? Nous lui refusons, comme au tribunal correctionnel et pour la même raison, le droit d'annuler un acte du juge d'instruction. Elle est, il est vrai, une juridiction *plus élevée* puisqu'elle est au deuxième degré et que le juge d'instruction n'est qu'au premier degré ; mais elle n'est pas une juridiction *supérieure* parce qu'elle n'est pas dans la même ligne et ne peut connaître que des décisions rendues par les tribunaux correctionnels. Elle n'a pas plus le droit d'annuler un acte d'instruction que la Chambre des mises en accusation n'aurait le droit d'infirmer un jugement du tribunal correctionnel.

Mais, comme beaucoup d'auteurs et la plus grande partie de la jurisprudence se prononcent contre notre opinion, nous devons compter avec celle de nos contradicteurs et rechercher quelle va être la situation si nous adoptons pendant quelques instants leur système.

155. — *Droit d'évocation.* — Nous nous trouvons tout d'abord en face de l'article 215 du Code d'instruction criminelle qui déclare que lorsqu'un jugement est annulé pour violation ou omission non réparée de formes prescrites par la loi à peine de nullité, la Cour statuera sur le fond. Cet article consacre ce que l'on appelle couramment le *droit d'évocation*. La question qui se pose alors est la suivante : dans l'application de la loi du 8 décembre 1897, lorsque la violation ou l'omission d'une formalité substantielle ou prescrite à peine de nullité sera soumise à la Cour d'appel siégeant correctionnellement, celle-ci aura-t-elle, si elle annule la procédure, le droit d'évoquer et de statuer sur le fond ? L'inconvénient saute aux yeux. Non seulement, dans ce cas, la loi ne serait pas observée puisque la procédure ne serait pas reprise à partir du premier acte nul mais, bien plus, l'inculpé, au lieu de deux degrés de juridiction auxquels il a droit, n'en aurait plus qu'un, puisque la Cour d'appel statuerait souverainement sur son cas sans recours possible (1).

156. — Aussi, avant que la jurisprudence ait pris une direction à peu près définitive, les auteurs ont-ils hésité à admettre le droit d'évocation pour la Cour d'appel : « Lorsque la nullité de la procédure sera prononcée par la Cour d'appel, disent MM. Brégeault et Albanel (2), pourra-t-elle appliquer l'article 215 du Code d'instruction criminelle c'est-à-dire évoquer l'affaire et statuer sur le fond sauf à faire compléter la procédure par un supplément d'information confié à un des magistrats qui la composent ? La question nous semble des plus douteuses (3). » Mais un arrêt de la Cour de Rennes, du 19 janvier 1898, était déjà cité par ces auteurs comme favorable à l'affirmative : « Considérant, dit-il, que la loi du 8 décembre 1897 a donné au prévenu de nouvelles garanties, a imposé au juge d'instruction de nouvelles obligations ; mais n'a pas eu pour effet de modifier les règles de compétence édictées par le Code d'instruction criminelle et spécialement celles tracées par l'article 215 qui impose à la Cour d'appel le droit d'évoquer et de statuer sur le fond lorsqu'elle annule un jugement correctionnel pour violation ou omission des formes prescrites par la

(1) Milhaud et Monteux, *op. cit.*, p. 295.
(2) *Lois Nouv.*, 98.1.96.
(3) En sens contraire : Dagallier et Bazenet, *op. cit.*, p. 188.

loi à peine de nullité (1). » Cette jurisprudence fut bientôt suivie par d'autres juridictions (2), d'autant plus que, dans l'intervalle, la Cour de cassation s'était prononcée en faveur du droit d'évocation (3).

Voici quels sont les motifs de la Cour de cassation : « Attendu qu'en évoquant, l'arrêt attaqué a fait une exacte application de l'article 215 du Code d'instruction criminelle et des règles de la matière ; qu'en effet, d'après les termes impératifs dudit article 215, lorsque les Cours d'appel annulent un jugement correctionnel pour violation ou omission de formalités prescrites par la loi à peine de nullité, elles doivent, dans tous les cas, sauf celui d'incompétence, évoquer et statuer sur le fond, sans qu'il y ait à distinguer si les irrégularités constatées se réfèrent au jugement, à l'instruction ou aux actes mêmes en vertu desquels le tribunal a été saisi ;

« Attendu qu'il n'existe, dans la loi du 8 décembre 1897, aucune disposition d'où l'on puisse induire que le législateur a entendu déroger aux prescriptions de l'article 215 ; que, sans doute, cette loi, en édictant de nombreuses nullités de procédure, a eu pour but de protéger les inculpés dans leur défense, de leur assurer, pendant toute la durée de l'instruction, l'assistance d'un conseil, de faciliter l'exercice de leur droit d'opposition aux ordonnances du magistrat instructeur et d'interdire aux

(1) Rennes, 19 janvier 1898, *Lois Nouv.*, 98.4.47, D. 98.2.250.

(2) Grenoble, 1er avril 1898, *Journ. Parq.*, 98.2.82 ; Paris, 27 décembre 1898, D. 99.2.82.

(3) Cass., 11 février 1898, *Lois Nouv.*, 98.4.49.

juges de baser leur sentence sur des actes d'instruction, qu'elle leur prescrit d'annuler comme n'ayant pas été accomplis avec toutes les formalités tutélaires qu'elle impose ; mais qu'on ne saurait en conclure qu'elle a voulu supprimer la mesure de l'évocation qui, pour un nombre considérable de délits sans gravité, le plus souvent avoués et passibles de peines de courte durée, tels que le vagabondage, la mendicité, les infractions aux arrêtés d'interdiction de séjour ou d'expulsion, les outrages aux agents et autres similaires, présente de sérieux avantages, simplifie les procédures et permet d'éviter les renvois inutiles et contraires aux intérêts des prévenus eux-mêmes dont ils prolongent sans nécessité la détention préventive ; qu'il importe enfin d'ajouter que, si l'article 215 impose aux Cours d'appel l'obligation d'évoquer, lorsqu'elles annulent un jugement, à raison des vices inhérents soit à ce jugement lui-même, soit à des actes d'instruction qui l'ont précédé, ces Cours conservent toujours le droit, lorsqu'elles le jugent nécessaire, d'ordonner, avant de statuer au fond, soit d'office, soit sur les conclusions des prévenus ou de leurs conseils, tous les suppléments d'information utiles à la manifestation de la vérité ; que les droits de la défense se trouvent ainsi amplement sauvegardés (1). »

157.— A notre avis, cet arrêt ne respecte en aucune façon la volonté du législateur. Celui-ci a élaboré longue-

(1) En ce sens : 1re section de la Société des prisons, *Revue pénit.*, 1899, p. 376.

ment une loi destinée à donner aux accusés toutes garanties et voilà que, suivant cette jurisprudence, toutes ces garanties seraient considérées comme lettre morte : l'accusé, au lieu de deux degrés de juridiction n'en aurait plus qu'un et la loi se retournerait ainsi contre lui ! Que nous importe que les Cours d'appel aient le droit, lorsqu'elles le jugent nécessaire, d'ordonner tous suppléments d'information utiles ? Il ne suffit pas que les Cours *puissent* ordonner des actes utiles aux prévenus, il faudrait qu'elles *fussent forcées* de le faire. Et ce supplément d'information, dans quelles conditions sera-t-il fait ? La Cour se garde de le dire dans l'arrêt ci-dessus rapporté, mais sa jurisprudence sur ce point ne laisse pas de doutes (1). Ce sera conformément à la procédure ancienne. De sorte que pour compenser le préjudice qu'éprouve l'inculpé par suite de la privation d'un degré de juridiction, on lui accordera, par faveur, un peu d'instruction secrète ! Que devient la loi de 1897 dans tout cela ?

M. le conseiller Sevestre, qui était rapporteur dans cette affaire, convient bien dans son rapport : « *qu'en poussant à l'extrême rigueur des principes, on pourrait soutenir qu'il n'y avait pas lieu à évocation...*, mais que la jurisprudence antérieure tend au contraire à élargir plutôt qu'à restreindre le droit d'évocation pour les juges d'appel », et il cite en ce sens une certaine quantité d'arrêts antérieurs (2). Rien ne nous semble plus

(1) Voy. *infrà*, nos 160 et suiv.

(2) *Lois Nouv.*, 99.4.59 et 60.

critiquable que cette façon de procéder. Lorsqu'il s'agit d'interpréter un texte, on doit s'appuyer sur d'autres textes favorables ou contraires, mais non pas sur une jurisprudence antérieure qui elle-même peut être basée sur d'autres décisions de justice. De sorte que, si, chaque fois, on néglige, comme on l'a fait cette fois, de pousser « *à l'extrême rigueur des principes* », on s'écarte peu à peu de la volonté du législateur et que le pouvoir judiciaire se substitue insensiblement au pouvoir législatif : la loi est remplacée par un échafaudage de jurisprudences.

158. — Mais il nous semble qu'il n'était pas nécessaire de pousser les principes si loin pour adopter l'opinion contraire. La simple logique l'ordonnait. En effet, lorsqu'un acte est entaché de nullité, son vice entraîne également la nullité de toute la procédure postérieure. Par conséquent l'annulation s'étend aux citations, tant devant le tribunal de première instance que devant la Cour d'appel et, par conséquent, ces juridictions n'ayant pas été saisies, la Cour ne peut évoquer. Il y a contradiction à dire que l'acte qui nous saisit doit être considéré comme inexistant et cependant s'appuyer sur lui pour statuer au fond : ou il est valable ou il ne l'est pas.

L'article 215 ne saurait plus s'appliquer ici puisqu'il est fait pour des nullités qui n'entachent que les actes viciés, mais non pour des nullités qui, aux termes de la loi du 8 décembre 1897 et seulement dans son application, entraînent la nullité de la procédure ultérieure. C'est vouloir appliquer une règle de l'ancien régime au régime nouveau : c'est faire un *anachronisme juridique.*

159. — La Cour de Paris a, le 7 avril 1898 (1), tout en se reconnaissant, à tort selon nous, le droit d'annuler une ordonnance de soit communiqué, adopté l'opinion que nous soutenons relativement à l'impossibilité d'évoquer :

« La Cour ; Sur l'évocation ; Considérant qu'il n'y a pas lieu pour la Cour d'évoquer le fond ;

« Considérant, en effet, qu'aux termes de l'article 12 de la loi des 8-10 décembre 1897, les formalités prescrites par les articles 1er, 3 § 2, 9 § 2 et 10 doivent être observées par le juge à peine de nullité de l'acte et de la procédure ultérieure ;

« Considérant que si ces nullités ne sont pas d'ordre public, en ce sens que le prévenu qui a toujours le droit d'accepter le débat, peut ne pas se prévaloir des irrégularités qui seraient de nature à vicier sa citation devant le Tribunal, il faut bien reconnaître que le législateur, ayant voulu entourer le prévenu de toutes les sécurités que peut offrir une instruction criminelle faite selon les règles qu'il a cru devoir tracer pour garantir la défense contre toute surprise, verrait sa volonté méconnue si la juridiction de jugement, après avoir annulé la procédure, évoquait la cause, soit qu'elle statuât sur le fond en l'état, soit qu'elle instruisît à nouveau sous forme d'information supplémentaire, imposant ainsi au prévenu une

(1) *Lois Nouv.*, 99.4.57.

procédure affranchie des prescriptions tutélaires édictées par la loi de 1897 et le privant de l'examen d'une juridiction préliminaire dont le bénéfice est définitivement acquis lorsqu'un juge d'instruction a été saisi et de l'éventualité d'une ordonnance de non-lieu ;

« Considérant que l'évocation qui transforme, pour ainsi dire, les juges d'appel en juges du premier degré, ne se comprend que si le tribunal, auquel la Cour se substitue, a été saisi de la poursuite ;

« Considérant que la nullité frappe, par la volonté expresse de la loi, non seulement l'acte irrégulier lui-même, mais encore toute la procédure ultérieure ; que cette sanction anormale et si étendue dans ses effets, montre bien que le législateur a voulu enlever toute compétence au juge d'instruction, tant que la nullité par lui commise ne serait pas réparée ; que, dans ces conditions, l'ordonnance de règlement qui, aux termes de l'article 182 du Code d'instruction criminelle, a pour effet de saisir le tribunal, n'ayant plus la force légale, doit être considérée comme inexistante ; que la nullité dont elle est entachée, se produisant par la force même de la loi, il est juridique de dire que la Cour, en évoquant, se saisirait d'une cause dont les premiers juges n'ont pas été saisis et dans laquelle rien n'est à juger... »

Cet arrêt, scrupuleusement pénétré de la volonté du législateur, fait honneur aux magistrats qui l'ont rendu : il nous semble, en ce qui concerne la question de l'évocation, inattaquable logiquement et juridiquement.

Mais il a tort en ce qu'il considère la Cour comme en droit d'annuler une ordonnance du juge d'instruction car, en combinant les deux idées, on arrive à des difficultés considérables. C'est ainsi que, suivant un exemple fourni par M. G. Le Poittevin (1), une affaire dans laquelle la Cour d'Orléans (sur appel d'un jugement du tribunal d'Auxerre renvoyé devant elle par la Cour de cassation) avait annulé une ordonnance du juge d'instruction d'Auxerre sans se reconnaître le droit d'évoquer, fut renvoyée par elle devant ce juge ; que celui-ci rendit une nouvelle ordonnance de renvoi, régulière cette fois, mais que le tribunal refusa de statuer comme ayant déjà statué et ayant épuisé sa juridiction et qu'enfin, ce dernier jugement fut confirmé en appel par la Cour de Paris ; de sorte qu'on se trouvait en présence d'un conflit négatif de juridiction nécessitant un règlement de juges : « Une loi qui aboutit à de telles conséquences, ajoute M. G. Le Poittevin, montre avec quelle légèreté elle a été élaborée. » Cette critique est juste ; mais il faut convenir que la jurisprudence a contribué à l'embrouiller encore plus, en admettant pour les juridictions de jugement le droit d'annuler des actes du juge d'instruction et en adoptant ainsi une doctrine qui nous paraîtra toujours anti-juridique.

(1) *Lois Nouv.*, 99.4.61.

CHAPITRE III

SUPPLÉMENTS D'INFORMATION.

160. — Une grave question est celle de savoir si les formalités édictées à peine de nullité par la loi du 8 décembre 1897 ne s'appliquent qu'à la période de l'information qui se passe devant le juge d'instruction antérieurement à l'ordonnance définitive, ou si elles doivent être observées lorsqu'une juridiction de jugement délègue un de ses membres à l'effet de procéder à un supplément d'information, qui lui permette de statuer définitivement en meilleure connaissance de cause.

La Cour de cassation, comme nous l'avons vu plus haut (1), décide dans son arrêt du 24 décembre 1898 « qu'il résulte du titre même de cette loi, des divers documents législatifs qui en ont précédé l'adoption et de l'ensemble de ses dispositions, qu'elle n'est applicable que jusqu'à l'ordonnance qui dessaisit le juge d'instruction ».

A notre avis, ce n'est pas bien jugé : le mot instruction *préalable* ne signifie pas nécessairement qu'il s'agit de la première instruction. En effet, à quoi tend une instruction quelconque ? A mettre en état une affaire pour permettre à la juridiction de jugement de statuer. Elle est

(1) Voy. *suprà*, n° 131.

donc forcément toujours *préalable* à la décision qu'elle sert à préparer et ce mot ne doit pas être considéré comme comportant une intention quelconque du législateur.

Lors donc que, soit le président des assises, soit le tribunal correctionnel ou la Chambre des appels correctionnels commettront un magistrat pour procéder à un supplément d'information, nous estimons que ce magistrat sera tenu de se conformer aux dispositions de la loi du 8 décembre 1897 et, par conséquent, de convoquer le défenseur, de lui communiquer la procédure et de lui signifier les ordonnances, le tout à peine de nullité.

161. — *Supplément d'information ordonné par la Chambre des mises en accusation.* — Nous avons déjà dit ce que nous pensions à ce sujet (1) et nous avons vu que, malgré la jurisprudence, beaucoup d'auteurs persistent à penser comme nous. M. le professeur Garçon, entre autres, considère le conseiller délégué comme un véritable juge d'instruction et considère que, dans cette hypothèse, nous sommes réellement dans la période de l'instruction (2) : « Souvent même, font remarquer MM. Brégeault et Albanel (3), ce sera la véritable instruction qui s'ouvrira, si l'inculpé absent ou en fuite n'a été arrêté qu'après l'ordonnance du juge d'instruction en vertu du mandat décerné par ce magistrat, et n'a pu jusque-là,

(1) Voy. *suprà*, nos 129 et suiv.
(2) *Revue pénit.*, 1898, p. 1215.
(3) *Lois Nouv.*, 98.1.81.

par conséquent, contredire les témoignages reçus et les constatations opérées. »

Cette hypothèse est d'ailleurs plus simple que les suivantes, car la Chambre des mises en accusation est par essence une juridiction d'instruction : il y a donc moins de difficultés à admettre pour elle l'application de la loi nouvelle que pour les juridictions de jugement lorsqu'elles ordonnent un supplément d'information. Nous pensons néanmoins qu'elles sont soumises aux mêmes règles.

Supplément d'information ordonné par le président de la Cour d'assises.

162. — Après l'arrêt de renvoi de la Chambre des mises en accusation, le président de la Cour d'assises peut compléter l'instruction en procédant, soit par lui-même, soit par un juge délégué à une information supplémentaire. Il puise ce droit dans l'article 303 du Code d'instruction criminelle qui règle la procédure devant la Cour d'assises. Peut-on dire que la loi sur l'instruction préalable doive s'appliquer dans cette hypothèse ? Nous n'hésitons pas à l'admettre.

En effet, on ne peut nier qu'il y ait là une véritable instruction et, d'autre part, cette instruction n'est-elle pas préalable ? Elle ne l'est pas vis-à-vis de la Chambre des mises en accusation, mais elle l'est vis-à-vis de la Cour d'assises et rien ne permet de dire que le législateur ait entendu restreindre les bénéfices de son innovation (1).

(1) *Contrà* : Conclusions de la 2e section de la Société des prisons, *Rev. pénit.*, 1898, p. 1215.

Bien plus, nous pensons que, désormais, le président des assises ne pourra plus procéder lui-même au supplément d'information sans se heurter à l'article 1er de la loi qui lui interdirait alors de prendre part à l'arrêt ; il devra, à peine de nullité, commettre un juge pour procéder à l'enquête, et celui-là ne pourra faire partie de la Cour d'assises.

La Cour d'assises de Vaucluse s'est, dans un long arrêt, prononcée pour l'opinion contraire à la nôtre (1).

SUPPLÉMENT D'INFORMATION ORDONNÉ PAR LA COUR D'ASSISES, OU PAR LE TRIBUNAL CORRECTIONNEL, OU PAR LA CHAMBRE DES APPELS CORRECTIONNELS.

163. — Lorsqu'une de ces juridictions, insuffisamment éclairée, délègue un de ses membres, juge ou conseiller pour procéder à un supplément d'information, nous pensons que ce magistrat doit se conformer aux dispositions de la loi nouvelle.

Au cas contraire, il arriverait en effet que l'inculpé qui aurait, jusque-là, bénéficié de l'assistance d'un conseil, en serait privé au moment où un supplément d'information serait ordonné ; sans compter que, souvent, c'est sur la demande de l'avocat et dans l'utilité de la défense, que les tribunaux ordonnent des enquêtes supplémentaires : « La loi nouvelle a des lacunes, disent MM. Brégeault et Albanel qui partagent notre opinion (2),

(1) Ass. Vaucluse, 25 juillet 1898, D. 99.2.191. — En notre sens : Louis Kahn, *Revue critique de législation et de jurisprudence*, 1898, p. 565 à 587.

(2) *Lois Nouv.*, 98.1.81.

mais son interprétation doit toujours, si l'on veut rester dans son esprit, être faite dans le sens le plus libéral (1). »

Actes d'information faits par un commissaire de police, postérieurement a l'ordonnance de renvoi.

164. — Une jurisprudence toute récente statue sur cette question. Voici comment s'exprime à ce sujet la Chambre des appels correctionnels de Paris : « Considérant...... que cette loi n'est applicable qu'aux actes d'information antérieurs à l'ordonnance qui dessaisit le juge d'instruction ; — Considérant que le juge d'instruction était dessaisi depuis le 21 septembre 1898 par l'ordonnance renvoyant la *fille Lagarde* devant la juridiction correctionnelle ; — Que les actes d'information, faits postérieurement par le commissaire de police, sur l'ordre du ministère public, ne sont pas soumis aux dispositions de cette loi ; — Par ces motifs, déclare que l'instruction faite sans l'assistance de l'avocat est régulière (2). »

La Cour se base sur les motifs que nous avons critiqués. Ils sont d'autant plus critiquables, dans l'espèce, qu'on ne peut sérieusement soutenir qu'il n'y avait pas là une instruction préalable, puisque la juridiction de jugement n'avait pas eu encore à connaître de l'affaire. Cette jurisprudence est surtout regrettable en ce qu'elle permet de tourner la loi avec trop de facilité.

(1) *Contrà* : A. Le Poittevin, *Rev. pénit.*, 98.1220.
(2) *Le Journal*, 20 juin 1900 : Chronique des tribunaux.

JUSTIFICATION DU SYSTÈME PROPOSÉ.

165. — Nous avons déjà indiqué une raison pour laquelle nous considérons la loi du 8 décembre 1897 comme applicable à tous les suppléments d'information et le tort qu'a eu la jurisprudence d'attacher trop d'importance au mot *préalable* qui figure dans le texte de la loi.

Il est bien certain que la loi parle le plus souvent du juge d'instruction (quoique cependant elle emploie souvent l'expression vague : *le magistrat*) et non pas des divers magistrats qui peuvent être délégués pour procéder à une instruction supplémentaire. Mais elle nous semble avoir statué *de eo quod plerumque fit* : l'instruction préparatoire proprement dite est une chose régulière, habituelle, tandis que les autres hypothèses sont moins fréquentes.

Mais en quoi diffère le magistrat qui procède à un supplément d'information du juge d'instruction proprement dit ? L'un et l'autre poursuivent le même but : mettre l'affaire en état de telle sorte que la juridiction de jugement puisse statuer en pleine lumière. L'un et l'autre emploient les mêmes moyens, les mêmes procédés d'investigation : interrogatoires, enquêtes, confrontations ; procèdent de la même façon : seuls dans un cabinet d'instruction, assistés seulement d'un greffier ; ont les mêmes pouvoirs. N'ont-ils donc pas besoin d'être contrôlés également, sujets qu'ils sont aux mêmes erreurs, aux mêmes passions ? Il est inadmissible que le législateur les ait considérés de façon différente et qu'il ait entendu restreindre seulement à l'égard des premiers les effets des dispositions qu'il édictait.

166. — De plus, comment la Cour de cassation peut-elle soutenir que la loi ne s'applique que jusqu'à l'ordonnance de clôture ? Il faudrait alors admettre que lorsque la Chambre des mises en accusation, jugeant l'instruction insuffisante, renvoie le juge d'instruction primitif pour la compléter, ce magistrat n'est pas tenu, au cours de son information supplémentaire, de se conformer aux dispositions de la loi nouvelle, étant dessaisi par l'ordonnance de clôture et n'agissant plus que comme délégué de la Cour d'appel. Cependant nous ne pensons pas que cette opinion soit soutenue. Comment admettre alors que dans une hypothèse la loi soit applicable et qu'elle ne le soit pas dans l'autre. C'est ce qu'avait démontré Me Paul Henry, l'avocat de la fille Lagarde, dans le procès ci-dessus relaté (1).

D'ailleurs nos adversaires ne peuvent que reconnaître eux-mêmes l'équité de notre système. M. G. Le Poittevin déclare (2) qu'à son avis « si les formes prescrites par la loi ne sont pas obligatoires en ce cas, il pourra être équitable et conforme au vœu du législateur de les observer ». Cet avis, donné en toute impartialité, résume tout le débat : si c'est conforme au vœu du législateur, nous n'avons pas à hésiter.

(1) Voy. *suprà*, n° 164.
(2) *Lois Nouv.*, 19.4.80.

CONCLUSION

167. — Comme il est facile de s'en rendre compte par l'étude qui précède, le législateur, trop pressé par l'opinion publique impatiente n'a pu, à loisir, concilier les modifications apportées par lui à l'ancien régime avec les dispositions qu'il a laissées subsister dans la procédure pénale en général. Il n'a même pas pris soin de préciser exactement dans quels cas la loi nouvelle doit trouver son application : de là la divergence des opinions à cet égard, les uns pensant comme nous, qu'elle doit s'ap pliquer toutes les fois que l'inculpé est interrogé autrement qu'à l'audience, le magistrat fût-il juge délégué d'une juridiction de jugement; les autres pensant, comme la Cour de cassation, que la loi n'a été faite que pour la période de la procédure qui précède l'ordonnance de clôture du juge d'instruction. D'ailleurs, il est à remarquer que la Cour de cassation, hostile au projet de loi, a conservé cette hostilité contre la loi elle-même et cherche, par tous les moyens, à en restreindre ou en atténuer les effets : nous avons critiqué à leur temps les arrêts auxquels nous faisons allusion.

De plus, le législateur a bien créé des sanctions mais il ne les a pas organisées. Il a déclaré nuls les actes faits dans des conditions contraires à sa volonté, mais il a oublié d'indiquer qui pourrait se prévaloir de la nullité, dans quels délais et quelle juridiction serait compétente pour la prononcer ; de sorte que chacun en est réduit à des conjectures ; que les uns, comme nous, réservent ce pouvoir seulement à la Chambre des mises en accusation, que les autres, comme la jurisprudence, l'accordent aux juridictions de jugement, ce qui constitue un bouleversement de tous les principes établis jusqu'à ce jour.

Enfin, en l'état actuel, la loi est trop facile à tourner. Qu'on fasse faire l'enquête préalable par un commissaire de police ou, pour se mettre à l'abri de toute contestation sur la nécessité de la présence de l'avocat, qu'on se base sur des rapports de police : la loi est violée et devient inutile ; à quoi bon avertir ensuite l'inculpé qu'il peut ne pas parler ? Que malgré la demande de l'inculpé le juge ne fasse pas désigner d'avocat d'office, le voilà débarrassé, pour les interrogatoires, de la présence du défenseur.

168. — Mais, est-ce à dire que malgré ses imperfections la loi n'a pas produit d'effets ?

Bien au contraire : si, d'une part, elle a révélé un certain nombre d'inconvénients pratiques, d'autre part elle a rendu de grands services : « Gênante dans la forme, excellente dans le fond », déclare M. le juge d'instruction de Valles (1).

(1) L'*Eclair*, 11 avril 1900. *Rubrique* l'Actualité.

Ses dispositions entraînent une augmentation incontestable des frais de procédure et une prolongation de la détention préventive (1) ; elles nécessiteront une extension du personnel de la magistrature et la création d'une police purement judiciaire destinée à seconder les efforts du juge d'instruction.

Mais, que sont ces inconvénients auprès des services considérables qu'elle a déjà rendus ? Elle est la sauvegarde du magistrat contre les insinuations perfides et calomnieuses des inculpés : « Elle ne veut pas qu'à l'audience publique un prévenu puisse dire qu'il a été opprimé, violenté, surpris », déclare M. le Bâtonnier Du Buit (2). « Avant cette loi, ajoute M. Paul Jolly, il faut le reconnaître, on était en défiance contre le magistrat instructeur. Il était seul dans son cabinet en face l'inculpé qu'il interrogeait ; que se passait-il dans ce tête à tête redoutable ? Personne ne le savait ; d'où cette défiance qui pouvait, en apparence du moins, se justifier surtout pour des esprits quelque peu prévenus. » Est-ce donc un résultat si mince que d'assurer aux magistrats une dignité qui avait subi tant d'atteintes dans la période qui a précédé le vote de la loi ?

Quant à l'avantage qu'en ont retiré les prévenus, il n'est pas contestable et il est certain que beaucoup d'af-

(1) *Revue pénit.*, 1898, p. 1188. Mais il ne faut pas oublier que l'inculpé a le droit de renoncer aux formes qui peuvent être une cause de retard dans la prévention et que d'ailleurs il vaut mieux aller plus lentement mais plus équitablement.

(2) *Revue pénit.*, 1898, p. 1193.

faires qui se sont terminées par des ordonnances de non-lieu, auraient eu un autre sort si l'avocat n'avait pu, par la connaissance constante qu'il avait de la procédure et la communication toujours ouverte avec son client, indiquer au juge les témoins à entendre ou les questions à poser à ceux qu'il entendait spontanément.

Enfin (et c'est un résultat qui n'est pas à dédaigner), contrairement à ce que craignait M. Paul Jolly au mois d'août 1897 (1), les magistrats et les avocats, par leurs rapports constants, ont vu disparaître rapidement ce semblant d'hostilité qui les éloignait l'un de l'autre ; ils ont compris tout de suite que leur devoir était, suivant l'expression de M. Pasques, juge d'instruction au tribunal de la Seine, « l'harmonieuse collaboration du juge et de l'avocat vers une justice plus clémente (2) » et qu'ils travaillaient de concert à la manifestation de la vérité. Aussi, le cabinet du juge d'instruction n'est plus ce sanctuaire dans lequel plus d'un jeune avocat n'entrait pas sans trembler, d'autant plus que la solitude continuelle semblait avoir pour résultat de rendre ces magistrats moins accessibles. Aujourd'hui, les uns et les autres sentent bien qu'ils ne sont pas des adversaires mais qu'ils unissent leurs efforts pour une œuvre commune et il est facile de comprendre que leurs bons rapports sont loin de nuire aux inculpés.

(1) *Revue pénit.*, 1897, p. 1029 : Le cabinet du juge d'instruction après le vote de la loi de réforme.

(2) *L'Eclair*, 11 avril 1900, *Rubrique* L'actualité.

Donc voilà déjà des résultats. Dans combien de temps reprendra-t-on la suite de l'œuvre ? Avec les méthodes de travail de nos parlements, il est à craindre que ce ne soit long ; mais réjouissons-nous de ce qui est déjà acquis : le vieux Code de 1808, miné par la base, va s'effondrer peu à peu et de sa poussière renaîtra une législation toute neuve plus en rapport avec notre civilisation et nos idées.

Vu :
Le Président de la thèse,
GARÇON.

Vu :
Le Doyen,
GLASSON.

Vu et permis d'imprimer :
Le Vice-Recteur de l'Académie de Paris,
GRÉARD.

LOI DU 8 DÉCEMBRE 1897

INSTRUCTION CONTRADICTOIRE. — MODIFICATIONS DU CODE D'INSTRUCTION CRIMINELLE.

Art. 1er. — Le juge d'instruction ne peut concourir au jugement des affaires qu'il a instruites.

Art. 2. — L'article 93 du Code d'instruction criminelle : « Dans le cas de mandat d'amener, dans les vingt-quatre heures au plus tard », est complété ainsi qu'il suit :

« ... de l'entrée de l'inculpé dans la maison de dépôt ou d'arrêt.

« A l'expiration de ce délai, l'inculpé sera conduit d'office et sans aucun nouveau délai, par les soins du gardien-chef, devant le procureur de la République, qui requerra du juge d'instruction l'interrogatoire immédiat. En cas de refus, d'absence ou d'empêchement dûment constaté du juge d'instruction, l'inculpé sera interrogé sans retard, sur les réquisitions du ministère public, par le président du tribunal ou par le juge qu'il désignera ; à défaut de quoi le procureur de la République ordonnera la mise en liberté immédiate de l'inculpé.

« Tout inculpé arrêté en vertu d'un mandat d'amener qui, en violation du paragraphe précédent, aura été maintenu pendant plus de vingt-quatre heures dans la maison de dépôt ou d'arrêt sans avoir été interrogé par le juge d'instruction ou conduit, comme il vient d'être dit, devant le procureur de la République, sera considéré comme arbitrairement détenu.

« Tous gardiens-chefs de maisons de dépôt ou d'arrêt, tous procureurs de la République, qui ne se seront pas conformés aux dispositions du paragraphe 2 précédent, seront poursuivis comme coupables d'attentats à la liberté et punis, savoir :

les procureurs de la République ou autres officiers du ministère public, des peines portées en l'article 119 du Code pénal, et les gardiens-chefs des peines portées en l'article 120 du même Code. Le tout sans préjudice des sanctions édictées par l'article 112 contre le greffier, le juge d'instruction et le procureur de la République. »

Art. 3. — Lors de cette première comparution, le magistrat constate l'identité de l'inculpé, lui fait connaître les faits qui lui sont imputés et reçoit ses déclarations après l'avoir averti qu'il est libre de ne pas en faire.

Mention de cet avertissement est faite au procès-verbal.

Si l'inculpation est maintenue, le magistrat donnera avis à l'inculpé de son droit de choisir un conseil parmi les avocats inscrits au tableau ou admis au stage, ou parmi les avoués, et, à défaut de choix, il lui en fera désigner un d'office si l'inculpé le demande. La désignation sera faite par le bâtonnier de l'ordre des avocats, s'il existe un conseil de discipline, et, dans le cas contraire, par le président du tribunal.

Mention de cette formalité sera faite au procès-verbal.

Art. 4. — Si l'inculpé a été trouvé hors de l'arrondissement où a été délivré le mandat, et à une distance de plus de 10 myriamètres du chef-lieu de cet arrondissement, il est conduit devant le procureur de celui où il a été trouvé.

Art. 5. — Le procureur de la République l'interroge sur son identité, reçoit ses déclarations, après l'avoir averti qu'il est libre de ne pas en faire, l'interpelle afin de savoir s'il consent à être transféré ou s'il préfère prolonger les effets du mandat d'amener en attendant, au lieu où il se trouve, la décision du juge d'instruction saisi de l'affaire. Si l'inculpé déclare s'opposer au transfèrement, avis immédiat en est donné à l'officier qui a signé le mandat. Le procès-verbal de la comparution contenant un signalement complet est transmis sans délai à ce magistrat, avec toutes les indications propres à faciliter la reconnaissance d'identité.

Il doit être fait mention au procès-verbal de l'avis donné à l'inculpé qu'il est libre de ne pas faire de déclaration.

Art. 6. — Le juge d'instruction saisi de l'affaire décide, aussitôt après la réception de cet envoi, s'il y a lieu d'ordonner le transfèrement.

Art. 7. — Nonobstant les termes de l'article 3, le juge d'instruction peut procéder à un interrogatoire immédiat et à des confrontations, si l'urgence résulte soit de l'état d'un témoin en danger de mort, soit de l'existence d'indices sur le point de disparaître, ou encore s'il s'est transporté sur les lieux en cas de flagrant délit.

Art. 8. — Si l'inculpé reste détenu, il peut, aussitôt après la première comparution, communiquer librement avec son conseil.

Le paragraphe final ajouté par la loi du 14 juillet 1865 à l'article 613 du Code d'instruction criminelle est abrogé en ce qui concerne les maisons d'arrêt ou de dépôt soumises au régime cellulaire. Dans toutes les autres, le juge d'instruction aura le droit de prescrire l'interdiction de communiquer pour une période de dix jours ; il pourra la renouveler, mais pour une nouvelle période de dix jours seulement.

En aucun cas, l'interdiction de communiquer ne saurait s'appliquer au conseil de l'inculpé.

Art. 9. — L'inculpé doit faire connaître le nom du conseil par lui choisi, en le déclarant soit au greffier du juge d'instruction, soit au gardien-chef de la maison d'arrêt.

L'inculpé détenu ou libre ne peut être interrogé ou confronté, à moins qu'il n'y renonce expressément, qu'en présence de son conseil ou lui dûment appelé.

Le conseil ne peut prendre la parole qu'après y avoir été autorisé par le magistrat. En cas de refus, mention de l'incident est faite au procès-verbal.

Le conseil sera convoqué par lettre missive au moins vingt-quatre heures à l'avance.

ART. 10. — La procédure doit être mise à la disposition du conseil la veille de chacun des interrogatoires que l'inculpé doit subir.

Il doit lui être immédiatement donné connaissance de toute ordonnance du juge par l'intermédiaire du greffier.

ART. 11. — Lorsque la Cour d'assises, saisie d'une affaire criminelle, en prononce le renvoi d'une autre session, il lui appartient de statuer sur la mise en liberté provisoire de l'accusé.

ART. 12. — Seront observées, à peine de nullité de l'acte et de la procédure ultérieure, les dispositions prescrites par les articles 1er, 3 § 2, 9 § 2 et 10.

ART. 13. — Sont et demeurent abrogées toutes les dispositions antérieures contraires à la présente loi.

ART. 14. — La présente loi est applicable aux colonies de la Guadeloupe, de la Martinique et de la Réunion.

TABLE DES MATIÈRES

INTRODUCTION

DES SANCTIONS

CHAPITRE PREMIER

SANCTIONS QUI INTÉRESSENT LES MAGISTRATS ET FONCTIONNAIRES.

CHAPITRE II

SANCTIONS QUI INTÉRESSENT LES PROCÉDURES (NULLITÉS)

Section I. — Cas de nullité.

Section II. — **Caractère des nullités.**

SECTION III. — **Etendue de la nullité.**

SECTION IV. — **Effets de la nullité.**

PREMIÈRE PÉRIODE. — NULLITÉ SOULEVÉE AU COURS DE L'INSTRUCTION.

DEUXIÈME PÉRIODE. — NULLITÉ SOULEVÉE APRÈS LA CLOTURE DE L'INSTRUCTION.

CHAPITRE III

SUPPLÉMENTS D'INFORMATION.

Imp. J. Thevenot, Saint-Dizier (Haute-Marne).

Imp. J. Thevenot, Saint-Dizier (Haute-Marne).

www.ingramcontent.com/pod-product-compliance
Ingram Content Group UK Ltd.
Pitfield, Milton Keynes, MK11 3LW, UK
UKHW020213250726
13967UKWH00003B/1440

9 782013 070607